Wanderführer
Vogesen · Nord

Die schönsten Wanderungen
● Rundwanderungen

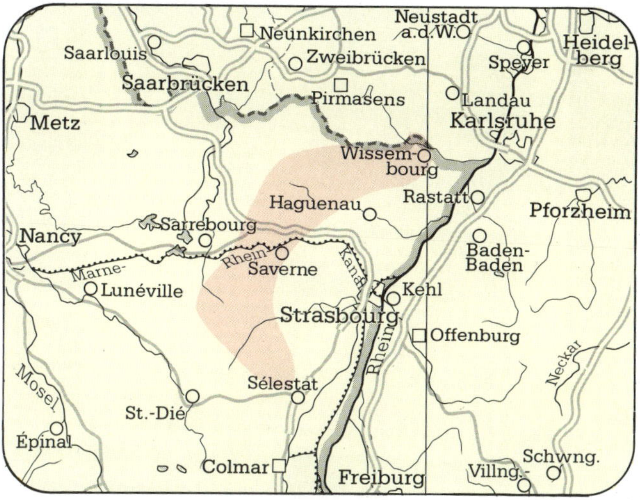

Kompass Wanderführer

Wanderführer Vogesen · Nord

77 Rundwanderungen

Vorgewandert von Helmut Cronauer, Kurt Oberhofer,
André Neiter und Heinz R. Wittner
Beschrieben und fotografiert von Heinz R. Wittner

Deutscher Wanderverlag
Dr. Mair & Schnabel & Co. · Stuttgart

wandern+ radwandern

Die große Wanderbuch-Reihe
für grenzenloses Wandern

Gesamte Kartographie:
Ingenieurbüro Adolf Benjes

In diesem Buch werden nur jene Kartenwerke aufgeführt, die unseren Karten-Ausschnitten zugrunde liegen. Aus Platzgründen können nicht alle im Fachhandel erhältlichen Karten genannt werden.

Umschlagbild:
Burgruine Hoh-Barr
und Bild auf Seite 2:
Keltisches Relief auf dem Donon

5., korrigierte Auflage, 2002

ISBN 3-8134-0056-5

Gutenbergstraße 13, D-73760 Ostfildern (Kemnat)
E-mail: kompass@deutscher-wanderverlag.de
www.deutscher-wanderverlag.de

Satz: Fotosatz-Team, D-70771 Leinfelden-Echterdingen
Druck: Druckhaus Vogel GmbH, D-70771 Leinfelden-Echterdingen
Printed in Germany

Gedruckt auf 100% chlorfrei gebleichtes Papier

Inhalt

Wissembourg (Weißenburg) (Foto: Ulrich Schnabel)

Orts- und Sachverzeichnis

Mit Nummern-Angaben der betreffenden Wanderungen;
kursiv-gedruckte Zahlen weisen auf die Kurzbeschreibung im Text hin

Die malerische Altstadt von Weißenburg (Wissembourg)

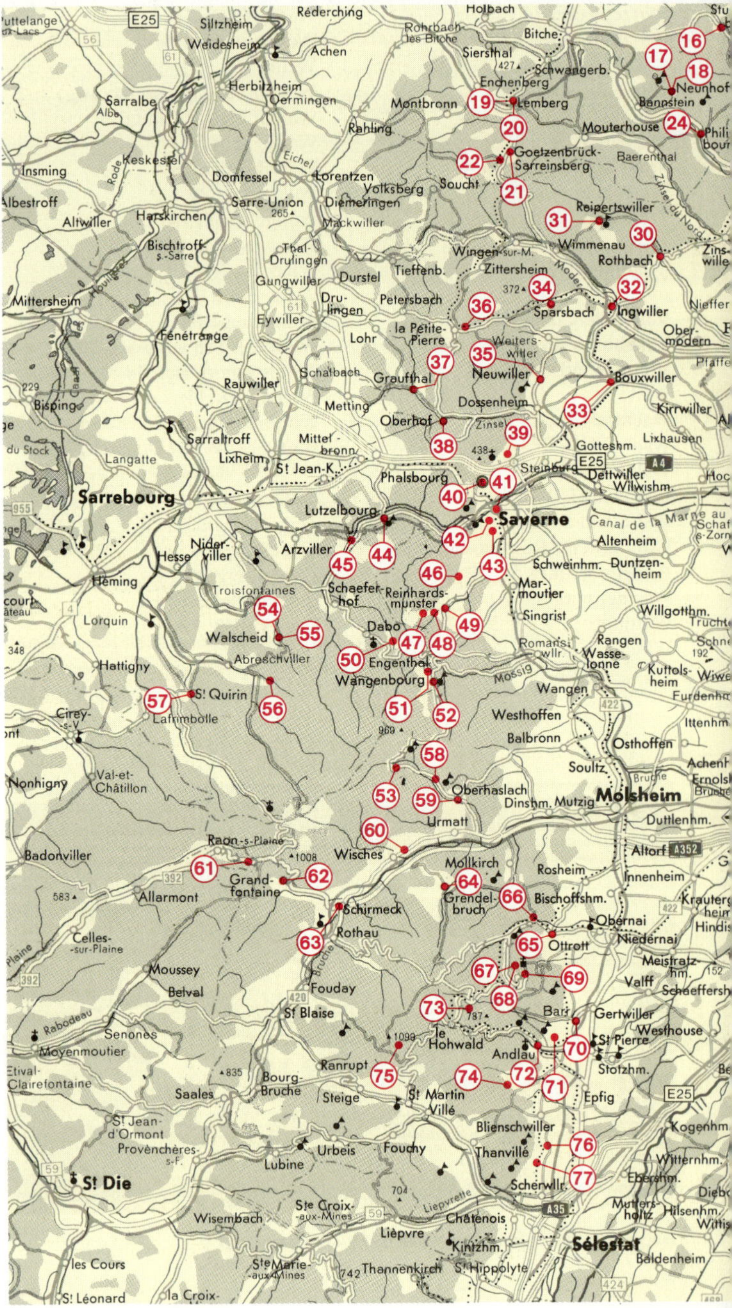

Puttelange aux-Lacs
E25
Siltzheim
Weidesheim
Réderching
Achen
Holbach
Rohrbach-lès-Bitche
Siersthal
Bitche
Schwangerb.
Enchenberg
Lemberg
Neunhof
Bannstein
Philippsbourg
Sarralbe
Herbitzheim
Oermingen
Montbronn
Rahling
Mouterhouse
Baerenthal
Insming
Keskastel
Domfessel
Lorentzen
Eichel
Goetzenbrück-Sarreinsberg
Soucht
Volksberg
Albestroff
Altwiller
Harskirchen
Sarre-Union
Diemeringen
Mackwiller
Reipertswiller
Wimmenau
Rothbach
Zinsel du Nord
Bischtroff s.-Sarre
Thal-Drulingen
Tieffenb.
Wingen-sur-M.
Zittersheim
Moder
Zinswiller
Mittersheim
Gungwiller
Durstel
Drulingen
Petersbach
Sparsbach
Ingwiller
Niefern
Eywiller
Fénétrange
Lohr
la Petite-Pierre
Weitersweiller
Obermodern
Neuwiller
Bouxwiller
Pfaffenhoffen
Schalbach
Graufthal
Rauwiller
Bisping
Metting
Dossenheim
Kirrwiller
Oberhof
Zinsel
Mittelbronn
Sarraltroff
Lixheim
Gottesheim
Lixhausen
Langatte
St Jean-K.
Phalsbourg
Steinburg
Dettwiller
Wilwisheim
A4
Sarrebourg
Lutzelbourg
Saverne
Canal de la Marne au Rhin
Altenheim
Hesse
Niderviller
Arzviller
Schweinhm.
Duntzenheim
Heming
Troisfontaines
Schaeferhof
Reinhardsmunster
Marmoutier
Lorquin
Singrist
Willgotthm.
Walscheid
Dabo
Romanswllr.
Rangen
Wasselonne
Abreschviller
Engenthal
Kuttolsheim
Hattigny
Wangenbourg
Mossig
Wangen
St Quirin
Cirey-s-V
Lafrimbolle
Westhoffen
Furdenheim
Balbronn
Osthoffen
Soultz
Bruche
Nonhigny
Val-et-Châtillon
Oberhaslach
Dinshm.
Mutzig
Molsheim
Ernolsheim
Urmatt
Duttlenhm.
Raon-s-Plaine
Badonviller
Wisches
Altorf
A352
Mollkirch
Rosheim
Innenheim
Grandfontaine
Allarmont
Grendelbruch
Bischoffshm.
Krautergersheim
Schirmeck
Obernai
Rothau
Ottrott
Niedernai
Celles-sur-Plaine
Meistratzhm.
Moussey
Belval
Fouday
Valff
Schaeffersheim
Rabodeau
St Blaise
Barr
Gertwiller
Senones
le Hohwald
Westhouse
Moyenmoutier
St Pierre
Andlau
Stotzhm.
Etival-Clairefontaine
Ranrupt
Bourg-Bruche
Saales
Steige
St Martin
Villé
Epfig
E25
St Jean-d'Ormont
Bliensch willer
Kogenhm.
Provenchères-s-F.
Urbeis
Fouchy
Thanvillé
Witternhm.
Lubine
Scherwllr.
Ebershm.
St Dié
Ste Croix-aux-Mines
Liepvrette
A35
Muttersholtz
Hilsenhm.
Wisembach
Lièpvre
Châtenois
Sélestat
Kintzhm.
Baldenheim
les Cours
Ste Marie-aux-Mines
Thannenkirch
St Hippolyte
St Léonard
la Croix-
16
17
18
19
20
21
22
24
30
31
32
33
34
35
36
37
38
39
40
41
42
43
44
45
46
47
48
49
50
51
52
53
54
55
56
57
58
59
60
61
62
63
64
65
66
67
68
69
70
71
72
73
74
75
76
77

Ludwigswinkel
Schönau
schlettenbach
1
2
3
4
5
6
7
8
9
10
11
12
13
14
15
23
25
26
27
28
29
Schweigen-Rechtenb.
Wissembourg
Ob.-Steinbach
Lembach
Jaegerthal
Niederbronn
Froeschwiller
Reichshoffen
Gundershoffen
Morsbronn
Mertzwiller
Eschbach
Walbourg
Lobsann
Preuschdorf
Woerth
Gunstett
Surbourg
Drachenbronn
Bremmelb.
Schoenenbourg
Soultz s/s-Forêts
Riedseltz
Hunspach
Trimbach
Leiterswiller
Nd.-Betschdorf
Hatten
Schleithal
Salmbach
Oberseebach
Niederlauterbach
Wintzenbach
Niederrœdern
Seltz
Scheibenhardt
Neulauterburg
Lauterbourg
Büchelberg
Minfeld
Schaidt
Steinfeld
Wörth
Maximiliansau
Hagenbach
KARLS-RUHE
Rheinstetten
Mörsch
Durmersheim
Bietigheim
Ötigheim
Elchesheim-Illingen
Steinmauern
Plittersdorf
Rastatt
Muggensturm
Mothern
Beinheim
Wintersdf.
Forêt de Haguenau
Forstfeld
Soufflenheim
Rountzenheim
Roeschwoog
Iffezheim
Hügelshm.
Kuppenheim
Haueneberstn
Ebersteinbg.
Baden-Baden
Sinzheim
Stollhofen
Schwarzach
Söllingen
Rheinmünster
Greffern
Lichtenau
Moos
Vimbuch
Bühl
Bühlertal
Steinb.
Weisenbach
Forbach
Bermersb.
Schwarzenb. Stausee
Herrenwies
Hundsbach
Schönmünzach
Hornisgrinde
1164
Neubourg
Schweighouse
Haguenau
Kaltenhouse
Schirrhoffen
Niederschaeffolshm.
Bischwiller
Drusenhm.
Gries
Weitbruch
Mommenhm.
Brumath
Herrlishm.
Geudertheim
Weyersheim
Hoerdt
Gambsheim
Bersteff
Vendenhm.
Reichstett
La Wantzenau
Rheinau
Freistett
Gamshurst
Rheinbischofshm.
Unzhurst
Ottersweier
Neusatz
Fischer Ebene
Sasbach
Achern
Sasbachwalden
Kappelrodeck
Wagshurst
Pfulgriesheim
STRASBOURG
Leutesheim
Zierolshofen
Bodersweier
Legelshurst
Kehl
Kork
Willstätt
Urlooffen
Zusenhfn.
Önsbach
Renchen
Ulm
Seebach
Ottenhöfen
Rießenkopf
Eckbolsheim
Ingolshm.
Entzhm.
Sundhm.
Illkirch-Graffenstaden
Eckartsweier
Goldscheuer
Appenweier
Windschläg
Bohlsbach
Durbach
Oberkirch
Lautenb.
Obertal
Mitteltal
Fegersheim
Plobsheim
Altenheim
Dundenhm.
Schutterwald
Offenburg
Ortenbg.
Siedig-K.
877
Oppenau
Griesbach
Bad Peterstal
Löcherberg
Bad Rippoldsau
Erstein
Neuried
Meißenheim
Ichenheim
Elgersweier
Zunsweier
Hohbg.
Gengenbach
Diersburg
Berghaupten
Nordrach
Gr.-Hunds-K.
950
Oberharmersbach
Schapbach
Ottenheim
Kürzell
Schwanau
Gerstheim
Friesenhm.
Dinglingen
Lahr
Unterharmersbach
Brandenk-K.
934
Herbsheim
Nonnenweier
Boofzhm.
Rhinau
Kippenheimwlr.
Reichenb
Biberach
Zell
Oberwolfach
Sulz
Seelbach
Kappel-Grafenhsn.
Kippenheim
Steinach
Wolfach
Mahlberg
Schmieheim
Welschensteinach
Haslach
Hausach
Schiltach
Etten-heim
Münchweier
Schuttertal
Rust
Rheinhsn.
Oberhausen
Ringshm.
Mühlenbach
Gutach
Rhein
Rhône au Rhin
Kinzig
Rench
Lauter
Sauer
Moder
Zorn
Ehn
Schutter
Sour
A35
E25
E35
E52
E531

Wandern in den Nordvogesen

Ein Lob dem Club Vosgien! Als ich in den Jahren 1981 und 1982 die Nordvogesen für die erste Auflage dieses Buches durchwanderte, war die Markierung, von Ausnahmen abgesehen, in einem desolaten Zustand. Hier ist ein gewaltiger Wandel eingetreten. Bei meinen Wanderungen im Jahre 1995 konnte ich feststellen, daß der Club Vosgien (Vogesenclub) beachtliches geleistet hat. Wiederum von Ausnahmen abgesehen, ist jetzt die Markierung recht gut. Um so bedauerlicher ist es für den Wanderer, wenn er im Wald umherirrt, um nach der Markierung zu suchen. Dies ist uns bei Schirmeck passiert, wo ein Fernwanderweg (GR 532) auf drei Wegführungen zu finden war, ohne daß eine davon durchgehend markiert war. Trotzdem sollten solche »Ausrutscher« niemanden davon abhalten, in den herrlichen Nordvogesen zu wandern.

Bedingt durch die mangelhafte Erschließung der Vogesen mit öffentlichen Verkehrsmitteln enthält dieses Buch nur Rundwanderungen. Es sind mit wenigen Ausnahmen Halbtageswanderungen, die sich zum Teil mit anderen Halbtageswanderungen zu Tageswanderungen kombinieren lassen.

Die Beliebtheit der Vogesen bei den deutschen Wanderern war der Grund, ihnen mit diesem Buch Wandervorschläge an die Hand zu geben. Ihm wurden einige wichtige Gedankengänge zugrunde gelegt. Für die Auswahl der Wandervorschläge war einzig der *Erlebniswert der Wanderungen* maßgebend. Vorschläge, die nur aus Wegstrecke und sonst nichts bestehen, wird man hier vergeblich suchen. Die Wanderungen führen zu interessanten Punkten, wie Burgen, Felsen und Felsgruppen, verträumten Weihern und Aussichtspunkten oder es sind ganz einfach »Panoramawege«, die fast auf der ganzen Wegstrecke Aussicht bieten. Besonders berücksichtigt wurde das Gebiet im Bereich der Grenze zur Pfalz sowie die Regionen um Niederbronn und Saverne, die sich bei den Wanderern großer Beliebtheit erfreuen.

Die Erfahrung und der Rat meiner Mitwanderer haben in diesem Buch als so mancher schöne Wandervorschlag ihren Niederschlag gefunden. In diesem Sinne wünsche ich Ihnen beim Wandern und beim Kennenlernen der Nordvogesen ebensoviel Spaß und Entdeckerfreude, wie ich sie erlebt habe, als ich mit meinen Freunden und meiner Familie die hier angebotenen Wandervorschläge vorgewandert habe.

Heinz R. Wittner

1 Deutsches Weintor – St. Paul – Weißenburg – Deutsches Weintor

Verkehrsmöglichkeiten Aus Richtung Strasbourg auf der A 4 und der D 263 über Wissembourg. Aus der Pfalz über die B 38.
Parkmöglichkeiten Am Deutschen Weintor in Schweigen.
Wegmarkierungen Durchgehend roter Ring.
Weglänge 7,5 Kilometer.
Wanderzeit Etwa 2 Stunden.
Höhenunterschiede Insgesamt etwa 110 Meter.
Wanderkarten 1:25 000 Topographische Karte »Bad Bergzabern und Umgebung mit elsäss. Grenzgebiet« vom Landesvermessungsamt Rheinland-Pfalz oder Wanderkarte »3814 ET Haguenau – Wissembourg« vom ign Paris.
Anmerkung Dieser Rundweg wurde gemeinsam vom Club Vosgien und dem Pfälzerwald-Verein geschaffen und im April 1995 eingeweiht. Er verläuft überwiegend auf befestigten Wegen. Da er weitgehend durch baumarmes Gelände führt, empfiehlt es sich, ihn im Frühjahr oder im Herbst abzuwandern. Personalausweis nicht vergessen!
Wissenswertes In *Schweigen-Rechtenbach* markiert seit 1936 das Deutsche Weintor den Beginn der Deutschen Weinstraße. Die evangelische Kirche wurde 1760/66 erbaut; ihr Chorturm

Das Deutsche Weintor, Beginn der Deutschen Weinstraße (Foto: U. Schnabel)

stammt von 1463. – *St. Paul (Pauliner Schloß):* 803 wurde auf einem zur Abtei Weißenburg gehörenden Gutshof ein Oratorium geweiht. Im 13. Jahrhundert wurde es zu einer befestigten Propstei umgestaltet, wovon noch der um 1300 erbaute Turm zeugt. – Die Ursprünge von *Weißenburg* (heute: *Wissembourg*) gehen auf die um 630 durch den fränkischen König Dagobert gegründete Benediktinerabtei zurück. Sie zählte zu den größten und bedeutendsten Klöstern im deutschen Sprachraum. Ihr Besitz reichte von der Nordsee bis zu den Alpen. Daneben wurden im Mittelalter innerhalb der Stadt weitere Klöster gegründet. Das markanteste Bauwerk der Abtei, das die Zeiten überdauert hat, ist die Basilika St. Peter und Paul aus der zweiten Hälfte des 13. Jahrhunderts. Alle weiteren Sehenswürdigkeiten der Stadt hier aufzuzählen würde den Rahmen dieser Beschreibung sprengen. Weißenburg muß man sich in Ruhe ansehen!

Wegbeschreibung Vom *Deutschen Weintor* in *Schweigen-Rechtenbach* (211 m), unweit von der französischen Grenze, in westlicher Richtung in die Längelsstraße und geradeaus durch die Bergstraße. Am Ortsende folgen wir dem Verlauf des *Ersten Deutschen Weinlehrpfades.* Er informiert über die hier angebauten Rebsorten, über Anbaumethoden und Probleme des Weinbaus. Von hier.oben genießt man einen großartigen Blick über die Rheinebene. Unser Wegzeichen verläuft oberhalb des *Pauliner Schlosses* (*St. Paul,* 252 m) auf Wirtschaftswegen durch die Weinberge. Etwa 100 Meter, nachdem wir den Wald betreten haben, geht es am *Bannholz* (240 m) links hinunter in einen Taleinschnitt.

An den *Drei Keschte* (225 m) und an der *Alfredshöhe* vorbei erreichen wir *Weißenburg* (*Wissembourg,* 160 m): Links ab und nach 50 Metern wieder rechts, an der *Lauter* entlang, nach der *Walckmühle* geradeaus in den wohl stimmungsvollsten Teil der Altstadt; an der kanalisierten Lauter entlang bis auf die Höhe der Basilika St. Peter und Paul, links durch die Rue du Presbytère, an der lutherischen Kirche St. Jean vorbei, über den Stadtwall, am Ende der Rue des Acacias halbrechts hinauf, nach 100 Metern rechts durch die Rue Robert Schuman (hier findet man rechts ein wenig versteckt ein bayerisches Kriegerdenkmal von 1870) und an deren Ende nach links durch die Weinberge zurück nach *Schweigen:* Durch die Hauptstraße, mit ihr an der Kirche rechts ab und auf der Weinstraße nach links zum Weintor.

2 Weißenburg – Weiler – Scherhol – Weißenburg

Verkehrsmöglichkeiten Wissembourg ist aus Richtung Landau und aus Richtung Strasbourg mit der Bahn zu erreichen. Mit dem Auto aus Richtung Strasbourg auf der A 4 und der D 263. Aus der Pfalz über die B 38.
Parkmöglichkeiten Am Bahnhof.
Wegmarkierungen Gelber, dann roter Strich zum Col du Pigeonnier; roter Punkt, dann roter Strich zurück.
Weglänge Etwa 12,5 Kilometer.
Wanderzeit Etwa 3 Stunden.
Höhenunterschiede Insgesamt etwa 350 Meter. Langer, leichter bis kräftiger Anstieg von Weiler (166 m) zur Scherhol (507 m).
Wanderkarten 1:25 000 Topographische Karte »Bad Bergzabern und Umgebung mit elsäss. Grenzgebiet« vom Landesvermessungsamt Rheinland-Pfalz oder Wanderkarte »3814 ET Haguenau – Wissembourg« vom ign Paris.
Wissenswertes *Weißenburg (Wissembourg)* siehe Tour 1. – Die Wallfahrtskapelle Nôtre Dame in *Weiler* wurde im 12. Jahrhun-

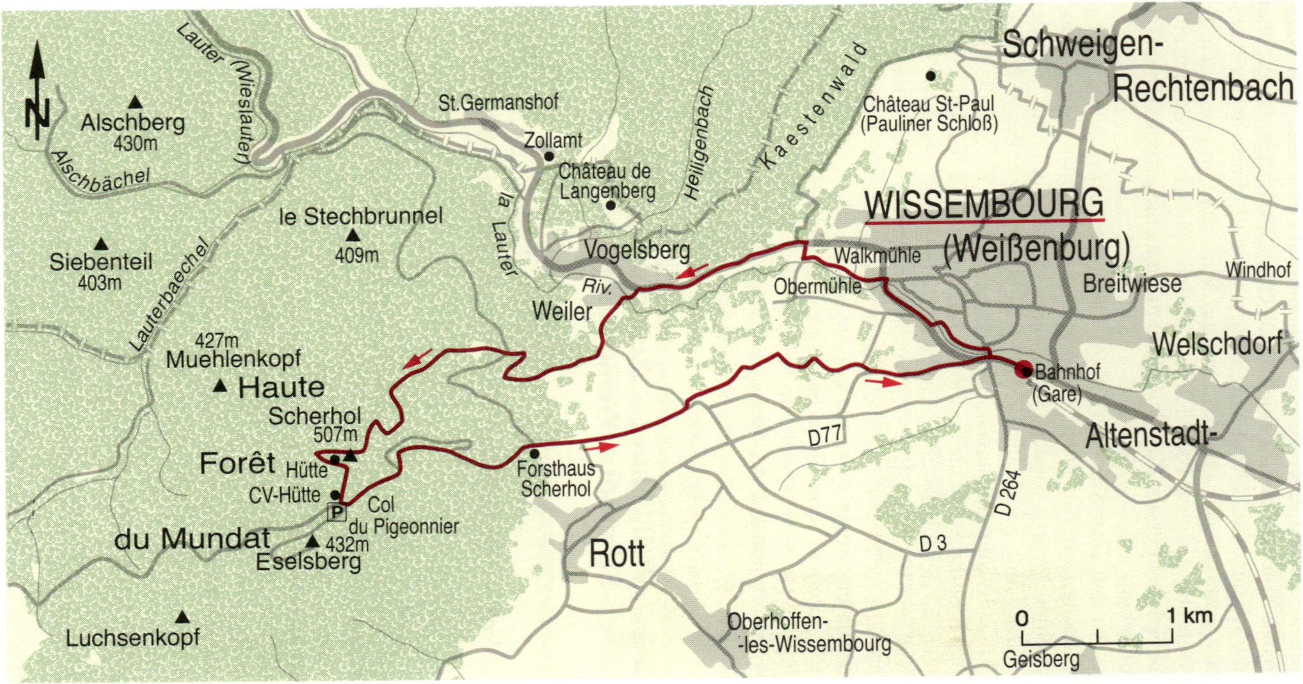
N
Schweigen-
Rechtenbach
Château St-Paul
(Pauliner Schloß)
WISSEMBOURG
(Weißenburg)
Windhof
Breitwiese
Welschdorf
Bahnhof
(Gare)
Altenstadt-
Walkmühle
Obermühle
Kaestenwald
Heiligenbach
St.Germanshof
Zollamt
Château de
Langenberg
Vogelsberg
Riv.
Weiler
la Lauter
Lauter (Wieslauter)
Alschberg
430m
Alschbächel
Siebenteil
403m
Lauterbaechel
le Stechbrunnel
409m
427m
Muehlenkopf
Haute
Scherhol
507m
Forêt
Hütte
CV-Hütte
P
Col
du Pigeonnier
du Mundat
432m
Eselsberg
Luchsenkopf
Forsthaus
Scherhol
Rott
D77
D 264
D 3
Oberhoffen-
-les-Wissembourg
0
1 km
Geisberg

Wissembourg (Weißenburg), Stadthaus (Foto: Ulrich Schnabel)

dert erbaut, im 30jährigen Krieg zerstört und 1725 vom polnischen König Stanislaus Leszczynski wieder errichtet. Sie ist alljährlich das Ziel von Tausenden von Wallfahrern.

Wegbeschreibung Ausgangspunkt ist der Bahnhof (Gare) in *Weißenburg (Wissembourg):* Wir gehen auf der Avenue de la Gare in westlicher Richtung, vor dem Kreisel rechts durch den Park mit dem Wegzeichen gelber Strich an der *Lauter* entlang, mit Blick auf die alte Stadtmauer. Später kurz auf der Route de Weiler, am Schwimmbad über die Lauter, auf der Rue de la Walck nach links weiter an der Lauter entlang, nach den Angelweihern rechts ab, dann nach links parallel zur Route de Weiler weiter. In der Ortsmitte von *Weiler* (166 m) von der Rue de la Vallée nach links durch die Rue du Pigeonnier.

Im *Schlieffenthal* steigen wir durch saftige, grüne Wiesen allmählich aufwärts. Fast schon oben auf dem Gipfel wechseln wir die Markierung, wandern mit dem roten Strich halbrechts hinauf und folgen jetzt dem Verlauf eines *Forstlehrpfades.* Nach einem insgesamt ein wenig schweißtreibenden Anstieg erreichen wir den Gipfel der *Scherhol* (507 m, 7 km) mit der offenen Schutzhütte des Vogesenclubs. Innerhalb eines runden Wallgrabens sieht man die Ruinen des 1893 auf den Mauern einer napoleonischen Telegrafenstation erbauten und 1940 gesprengten Aussichtsturmes.

Links um den Berggipfel herum geht es abwärts. Wenige Minuten danach sind wir an der *Hütte des Vogesenclubs (Refuge du CV Weißenburg,* sonn- und feiertags ehrenamtlich bewirtschaftet). An der Südseite des Hauses steigen wir die Treppen hinunter, kreuzen am *Col du Pigeonnier* (432 m) die Straße, gehen in den Parkplatz und biegen scharf links in den Pfad. Er ist mit dem roten Punkt gekennzeichnet und verläuft unterhalb der Straße. Hinter der Haarnadelkurve der Straße folgen wir dem roten Strich rechts hinunter. Nach dem *Forsthaus Scherhol* (313 m) verlassen wir den Wald und wandern am Rande von Streuobstwiesen weiter. Unser Weg folgt dem Verlauf der *Weißenburger Linien.* Sie wurden 1706 zu Verteidigungszwecken errichtet. Bald haben wir einen herrlichen Blick auf Weißenburg. In der Stadt gehen wir die Route des Vosges hinunter und nach dem Kreisel auf der Avenue de la Gare zurück.

Vierburgenwanderung

3 Nothweiler – Gimbelhof – Fleckenstein – Löwenburg – Hohenburg – Wegelnburg – Nothweiler

Verkehrsmöglichkeiten Von der B 427 (Dahn – Kandel) über Erlenbach und Niederschlettenbach.
Parkmöglichkeiten In der Ortsmitte von Nothweiler.
Wegmarkierungen Verschiedene.
Weglänge 10 Kilometer. **Wanderzeit** Gut 2½ Stunden.
Höhenunterschiede Insgesamt etwa 435 Meter. Kräftiger Anstieg vom Fleckensteiner Hof (334 m) zur Hohenburg (551 m); kurzer. kräftiger Anstieg vom Kaiser-Wilhelm-Stein (501 m) zur Wegelnburg (571 m).

Wanderkarten 1:25 000 Topographische Karte »Dahn und Umgebung mit elsäss. Grenzgebiet« vom Landesvermessungsamt Rheinland-Pfalz oder Wanderkarte »3814 ET Haguenau – Wissembourg« vom ign Paris.
Anmerkung Anstrengende, aber sehr interessante Wanderung. Personalausweis nicht vergessen!
Wissenswertes Der Zeppelinbrunnen in der Dorfmitte von *Nothweiler* erinnert an den verwegenen Ritt des Grafen Zeppelin im Jahr 1870, als er nach mehrstündiger Erkundung im Feindesland hier eine Rast einlegte und seine Pferde tränkte. – Der *Fleckenstein* gilt mit Recht als die kühnste Felsenburg der Vogesen. Das 52 Meter hohe Felsenriff war ganz in den Burgenbau einbezogen. Im 11. Jahrhundert erbaut; 1129 zum erstenmal erwähnt; 1680 durch Montclar zerstört. Bis 1720 gehörte er dem bedeutenden Geschlecht der Herren von Fleckenstein. In der Ruine wurde ein Burgmuseum eingerichtet. Sie ist von März bis Mitte November zugänglich. Eintritt! – Die *Löwenburg* wurde um 1200 als Reichsburg errichtet. Besitzer: Herren von Falkenstein, dann von Ochsenstein; Ende des 13. Jahrhunderts Ganerbenburg; Mitbesitzer Puller von Hohenburg, 1386 sind die »Raubritter« Hanß Albe und Heinz Streif von Landesberg Ganerben. 1386 von Straßburger Bürgern zerstört. Anfang des 15.

Jahrhunderts als Vorburg zur Hohenburg wieder aufgebaut. 1679 von Montclar endgültig zerstört. – Die Anfänge der *Hohenburg* gehen auf das 12. Jahrhundert zurück. Besitzer sind vom 13. Jahrhundert bis zu deren Aussterben die Ritter Puller von Hohenburg (darunter ein berühmter Minnesänger), dann die Sickinger (die letzte Hohenburgerin war die Mutter von Franz von Sickingen). Nach der Zerstörung 1523 in der Sickingischen Fehde, ab 1542 als prächtiges Renaissanceschloß neu erbaut. 1680 durch Montclar endgültig zerstört. – Die *Wegelnburg* wurde um 1200 als Reichsburg erbaut. Erste Erwähnung 1245. Lehensnehmer von 1247 bis 1312 die Ritter von Wegelnburg. 1272 von Straßburg und den Ochsensteinern zerstört. 1330 an Kurpfalz verpfändet; 1410 bis 1417 gemeinsamer Besitz von Kurpfalz und Pfalz-Zweibrücken, dann ganz bei Pfalz-Zweibrücken. 1679 durch General Montclar zerstört. Es sind noch beachtliche Teile der Vor-, Mittel- und Oberburg vorhanden.

Auf dem Weg vom Gimbelhof zum Fleckenstein

Wegbeschreibung Von der Ortsmitte *Nothweiler* (275 m) gehen wir auf der Lembacher Straße in südlicher Richtung zur deutsch-französischen Grenze, wo wir auf die Markierung rotes Kreuz treffen. Ihr folgen wir im Litschbachtal, am *Litschhof* (322 m) vorbei, zum *Col de Litschof* (330 m). Der blaue Punkt leitet uns nach rechts zum *Gimbelhof* (341 m, Einkehrmöglichkeit). Mit dem Wegzeichen rot-weiß-rot wandern wir durch eine Senke zur hoch aufragenden Ruine *Fleckenstein* (370 m).

Nach der Besichtigung geht es zurück zum *Fleckensteiner Hof* (334 m, Forsthaus). Mit dem roten Strich links um die Gebäude herum und nach rechts kräftig ansteigend weiter. Uns begleitet die imposante Kulisse des Langenfelses. Am *Col Hohenburg* (475 m) verschnaufen wir ein wenig, um mit der Markierung rot-weiß-rot weiter zur *Löwenburg* aufzusteigen, wo wir auf dem Burgfelsen durch eine prächtige Aussicht belohnt werden.

Wenige Minuten danach sind wir auf der *Hohenburg* (551 m). Nachdem wir den Schloßberg hinabgestiegen sind, zeigt uns die nasse Stelle auf dem Pfad den *Maidenbrunnen* an. Kurz danach überschreiten wir wieder die Grenze an der Stelle, wo bis 1945 der *Kaiser-Wilhelm-Stein* (501 m) stand. Der rot-gelbe Strich leitet uns kurz und steil hinauf zur aussichtsreichen Ruine *Wegelnburg* (571 m), der am höchsten gelegenen Burg der Pfalz. In Schleifen geht es bergab und später mit dem blauen und dem grünen Strich rechts hinunter über die Zeppelinhalde zurück, nach *Nothweiler*.

4 Fleckensteiner Weiher – Gimbelhof – Fleckenstein – Fleckensteiner Weiher

Verkehrsmöglichkeiten Von der B 427 (Dahn – Kandel) über Schönau zum Fleckensteiner Weiher oder von Wissembourg (Weißenburg) auf der D 3 durch Lembach, 3 Kilometer danach in Richtung Schönau.
Parkmöglichkeiten Am Südende des Fleckensteiner Weihers.
Wegmarkierungen Roter Punkt zum Gimbelhof, rot-weiß-rot zum Fleckenstein, rotes Dreieck zurück.
Weglänge 6 Kilometer.
Wanderzeit Etwa 1½ Stunden.
Höhenunterschiede Insgesamt etwa 230 Meter. Anfangs ein wenig kräftiger Anstieg vom Fleckensteiner Weiher (205 m) zum Gimbelhof (341 m).
Wanderkarten 1:25 000 Topographische Karte »Dahn und Umgebung mit elsäss. Grenzgebiet« vom Landesvermessungsamt Rheinland-Pfalz oder Wanderkarte »3814 ET Haguenau – Wissembourg« vom ign Paris.
Wissenswertes *Fleckenstein* siehe Tour 3.

Wegbeschreibung Ausgangspunkt Parkplatz am Südende des *Fleckensteiner Weihers,* rechts der Straße in Richtung Schönau. Nördlich vom Parkplatz rechts in den Forstweg und nach etwa

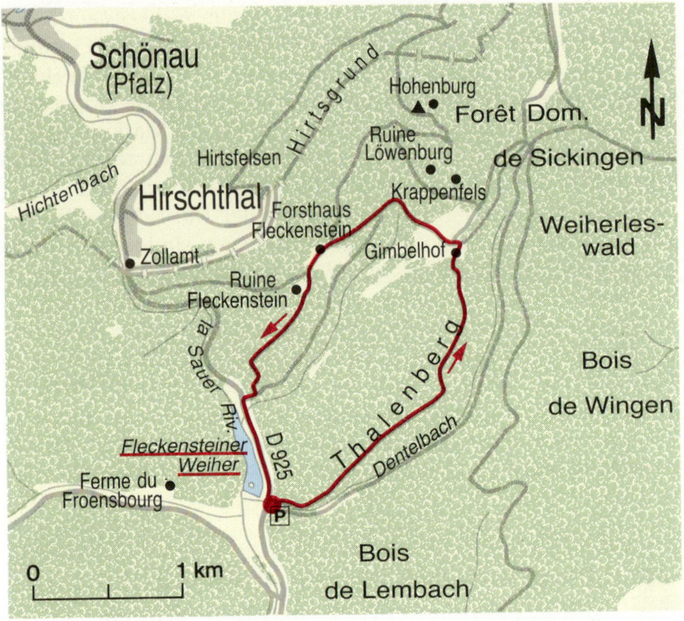

200 Metern mit der Markierung roter (weißer) Punkt halblinks einen schmalen Pfad hinauf. Nachdem unser Pfad an einem Forstweg endet, steigen wir nur noch leicht an bis zum *Gimbelhof* (341 m, Einkehrmöglichkeit). Hier steht eine mächtige, uralte Edelkastanie. Vor uns hoch droben sehen wir den Krappenfels und die Ruine Löwenburg.

Mit dem Wegzeichen rot-weiß-rot wandern wir durch eine Senke zur hoch aufragenden Ruine *Fleckenstein* (370 m). An der Ostseite der Ruine biegen wir rechts herum, steigen mit dem roten Dreieck (stellenweise steil) hinunter zum *Fleckensteiner Weiher* und gehen nach links parallel zur Straße zurück zum Parkplatz. Außerhalb der Badesaison kann man an der Westseite des Weihers entlang und über den Damm zum Parkplatz gehen.

5 Fleckensteiner Weiher – Gimbelhof – Löwenburg – Hohenburg – Wegelnburg – Hirschthal – Fleckenstein

Verkehrsmöglichkeiten Von der B 427 (Dahn – Kandel) über Schönau zum Fleckensteiner Weiher oder von Wissembourg (Weißenburg) auf der D 3 durch Lembach, 3 Kilometer danach in Richtung Schönau.
Parkmöglichkeiten Am Südende des Fleckensteiner Weihers.
Wegmarkierungen Verschiedene.
Weglänge Etwa 12,5 Kilometer.
Wanderzeit Etwa 3½ Stunden.
Höhenunterschiede Insgesamt etwa 580 Meter. Anfangs ein wenig kräftiger Anstieg vom Fleckensteiner Weiher (205 m) zum Gimbelhof (341 m); kräftiger Anstieg vom Fleckensteiner Hof (334 m) zur Hohenburg (551 m); kurzer, kräftiger Anstieg vom Kaiser-Wilhelm-Stein (501 m) zur Wegelnburg (571 m).
Wanderkarten 1:25 000 Topographische Karte »Dahn und Umgebung mit elsäss. Grenzgebiet« oder Wanderkarte »3814 ET Haguenau – Wissembourg« vom ign Paris.
Wissenswertes *Löwenburg, Hohenburg, Wegelnburg* und *Flekkenstein* siehe Tour 3.
Anmerkung Anstrengende, aber sehr interessante Wanderung. Personalausweis nicht vergessen!

Wegbeschreibung Ausgangspunkt Parkplatz am Südende des Fleckensteiner Weihers, rechts der Straße in Richtung Schönau. Nördlich vom Parkplatz rechts in den Forstweg und nach etwa 200 Metern mit der Markierung roter (weißer) Punkt halblinks einen schmalen Pfad hinauf. Nachdem unser Pfad an einem Forstweg endet, steigen wir nur noch leicht an bis zum *Gimbelhof* (341 m, Einkehrmöglichkeit). Hier steht eine mächtige, uralte Edelkastanie. Vor uns hoch droben sehen wir den Krappenfels und die Ruine Löwenburg.

Weiter mit dem roten Punkt steigen wir halbrechts am Waldrand (stellenweise steil) hinauf. Am *Col Hohenburg* (475 m) verschnaufen wir ein wenig, um mit rot-weiß-rot rechts weiter zur *Löwenburg* aufzusteigen, wo wir auf dem Burgfelsen durch eine prächtige Aussicht belohnt werden. Wenige Minuten danach sind wir auf der *Hohenburg* (551 m). Nachdem wir den Schloßberg hinabgestiegen sind, zeigt uns die nasse Stelle auf dem Pfad den *Maidenbrunnen* an.

Kurz danach überschreiten wir die Grenze an der Stelle, wo bis 1945 der *Kaiser-Wilhelm-Stein* (501 m) stand. Der rote Strich

leitet uns kurz und steil hinauf zur aussichtsreichen Ruine *Wegelnburg* (571 m), der am höchsten gelegenen Burg der Pfalz. In westlicher Richtung geht es abwärts (roter Strich), wo die Markierung scharf rechts abbiegt, gehen wir ohne Markierung 100 Meter geradeaus hinunter, um dann mit dem blauen Strich am Südhang des Sindelsberges allmählich hinunter nach *Hirschthal* (210 m) zu wandern.

Hier biegen wir am Ende der Bergstraße links in die Hauptstraße, überschreiten am Ortsende wieder die deutsch-französische Grenze und steigen 100 Meter danach mit dem Wegzeichen rot-weiß-rot halblinks hinauf zur hoch aufragenden Ruine *Fleckenstein* (370 m). An der Ostseite der Ruine biegen wir rechts herum, steigen mit dem roten Dreieck (stellenweise steil) hinunter zum *Fleckensteiner Weiher* und gehen nach links parallel zur Straße zurück zum Parkplatz. Außerhalb der Badesaison kann man an der Westseite des Weihers entlang und über den Damm zum Parkplatz gehen.

6 Lembach – Fleckenstein – Gimbelhof – Hohmarkstein – Lembach

Verkehrsmöglichkeiten Von Wissembourg (Weißenburg) auf der D 3 nach und durch Lembach.
Parkmöglichkeiten Am Ortsende von Lembach beiderseits der Straße oder beim Wasserreservoir 50 Meter rechts hinauf bei der Hütte des Club Vosgien.
Wegmarkierungen Rotes Dreieck zum Fleckenstein, rot-weiß-rot zum Gimbelhof und blauer Punkt zurück nach Lembach.
Weglänge Etwa 13,5 Kilometer.
Wanderzeit Etwa 3½ Stunden.
Höhenunterschiede Insgesamt etwa 300 Meter. Kräftiger Anstieg vom Fleckensteiner Weiher (206 m) zum Fleckenstein (370 m).
Wanderkarte 1:25 000 »3814 ET Haguenau – Wissembourg« vom ign Paris.
Wissenswertes *Fleckenstein* siehe Tour 3.

Die einstige Burg Fleckenstein

Wegbeschreibung Ausgangspunkt Ortsausgang von *Lembach* (190 m, Route de Bitche) in Richtung Bitche. Wir gehen etwa 150 Meter an der Straße entlang, biegen nach einem Schuppen links in einen Pfad, überqueren die *Sauer* und wandern nach rechts am Bach entlang mit dem roten Dreieck (parallel blauer Strich) talaufwärts. An der Bitscher Landstraße nach rechts über die *Tannenbruck* und nach links parallel zur Straße D 925

weiter. Fast am Ende des *Fleckensteiner Weihers* (206 m, wo die Straße abzweigt) kreuzen wir die Straße. Nach recht kräftigem Anstieg sind wir bei der imposanten Ruine *Fleckenstein* (570 m).

Vom *Fleckensteiner Hof* (334 m, Forsthaus) folgen wir dem Wegzeichen rot-weiß-rot durch eine Senke zum *Gimbelhof* (341 m, Einkehrmöglichkeit). Bis zum Ziel leitet uns jetzt der blaue Punkt, zuerst zur Wegspinne *Col de Litschhof* (330 m) und dann nach rechts auf fast ebenem, breitem Forstweg zur Wegspinne *Hohmarkstein* (370 m). Hier geht es links hinunter und auf einem Forstweg um das Noethenthal herum hinunter nach *Lembach.* 50 Meter vor dem Ziel liegt links am Weg die *Hütte des Club Vosgien Hagenau-Lembach* (Samstagnachmittag und Sonntag geöffnet).

7 Heljenbruck (Lembach) – Soultzerkopf (Sulzerkopf) – Pfaffenbronn – Maginotlinie – Heljenbruck

Verkehrsmöglichkeiten Von Wissembourg (Weißenburg) auf der D 3 nach Lembach, in der Ortsmitte links ab und auf der D 27 bis zum Ortsende.
Parkmöglichkeiten Am Ortsende von Lembach in Richtung Woerth auf dem Parkplatz Heljenbruck.
Wegmarkierungen Verschiedene.
Weglänge Etwa 12,5 Kilometer.
Wanderzeit Etwa 3 Stunden.
Höhenunterschiede Insgesamt etwa 330 Meter. überwiegend leichter Anstieg von der Heljenbruck (189 m) zum Wiep (420 m).
Wanderkarte 1:25 000 »3814 ET Haguenau – Wissembourg« vom ign Paris.
Wissenswertes Das *Befestigungswerk Four à Chaux (Kalkwerk)* gehört zu einer Reihe von ausgedehnten unterirdischen Anlagen der Maginotlinie, die bis vor kurzer Zeit vom französischen Militär betriebsfähig erhalten wurden und inzwischen zur Besichtigung freigegeben sind. Auskünfte über die Öffnungszeiten erteilt das Office de Tourisme, 9 place de la République, F-67163 Wissembourg.

Wegbeschreibung Vom Parkplatz *Heljenbruck* (189 m) gehen wir 10 Meter in südlicher Richtung an der Straße entlang und mit dem blauen Strich links hinauf. Nach etwa 300 Metern verlassen wir die Forststraße nach rechts. Wo bei einem Bunker der blaue Strich links abbiegt, bleiben wir mit dem blauen Andreaskreuz auf dem Forstweg. Kurz danach geht es (jetzt steiler) bei einem kleinen Bunker links den Pfad hinauf. Am *Col du Wiep* (420 m) wenden wir uns mit dem gelben Strich nach links. Er leitet uns bei geringen Höhenunterschieden über den *Carrefour*

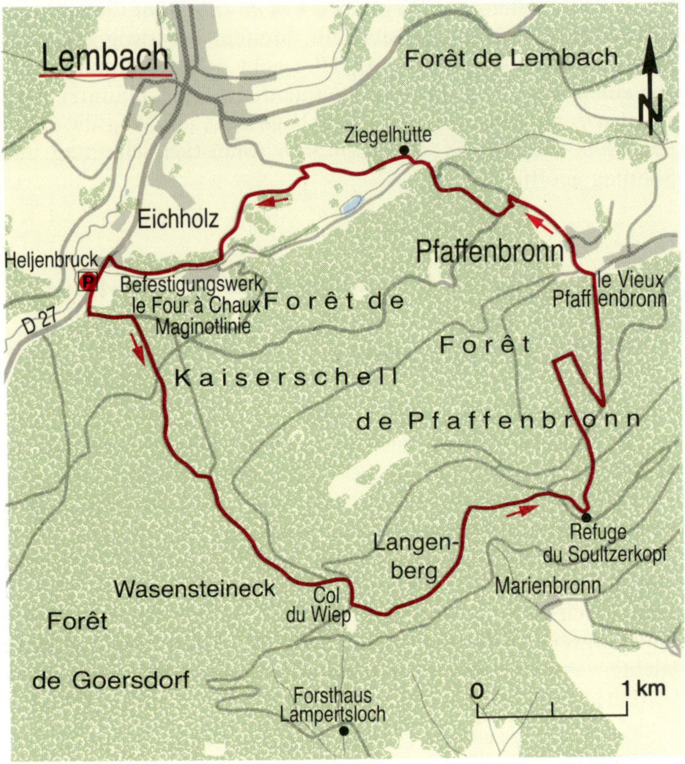

du Kastelring (420 m) zum *Sulzerkopf* (*Soultzerkopf,* 480 m; die Hütte des Club Vosgien Soultz-sous-Fôrets ist von Mitte März bis Mitte November sonntags bewirtschaftet). Herrliche Aussicht von der Plattform aus.

Von der Hütte gehen wir etwa 100 Meter zurück und folgen dem Wegzeichen roter Ring nach rechts. Nach einem Kilometer vollzieht unser Weg am Keltenring (478 m, Anhäufung von Steinblöcken) eine Rechtsschleife. Nach einigen hundert Metern biegen wir mit dem blauen Punkt scharf links ab. Ein schmaler, stellenweise steiler Pfad bringt uns hinunter nach *Pfaffenbronn* (320 m, Einkehrmöglichkeit).

Wir gehen nach links die Dorfstraße abwärts, verlassen sie am Waldrand ebenfalls nach links, um gleich darauf rechts abzubiegen. Später folgen wir der Straße 200 Meter und bei der *Ziegelhütte* (226 m) rechts dem asphaltierten Wirtschaftsweg. Nach etwa 800 Metern wenden wir uns vor einer Kuppe mit dem Zeichen gelber Ring nach links.

Der folgende Weg verlangt ein wenig Spürsinn. Er führt zwischen stählernen Panzerkuppeln hindurch zu einer Artilleriebastion, die einen herrlichen Blick auf Lembach gewährt. Hier halten wir uns links und folgen dem gut getretenen Pfad, der parallel zum Panzerzaun hinunter zum Eingang des *Festungswerkes Four à Chaux* der *Maginotlinie* (203 m) führt. Ein Plan gewährt einen Überblick über die Festungsanlagen der näheren und weiteren Umgebung. Das letzte Stück bis zurück zur *Heljenbruck* gehen wir an der Straße entlang, vorbei an verlassenen Kasernen.

8 Pfaffenschlick – Soultzerkopf (Sulzerkopf) – (Pfaffenbronn) – Pfaffenschlick

Verkehrsmöglichkeiten Von Wissembourg (Weißenburg) auf der D 77 zum Camp de Drachenbronn, dann auf der D 65 zum Pfaffenschlick oder auf Verbindungsstraßen ab Drachenbronn oder Lembach-Heljenbruck.
Parkmöglichkeiten Beim Restaurant Pfaffenschlick.
Wegmarkierung Gelber Ring.
Weglänge Etwa 6 Kilometer.
Wanderzeit Etwa 1,5 Stunden.
Höhenunterschiede Insgesamt etwa 120 Meter.
Wanderkarte 1:25 000 »3814 ET Haguenau – Wissembourg« vom ign Paris.
Anmerkung Diese kurze Wanderung ist wegen ihrer schönen Aussicht besonders zu empfehlen.

Wegbeschreibung Am *Pfaffenschlick* (372 m) auf der Straße in Richtung Lembach, nach wenigen Metern mit dem gelben Ring rechts in den Pfad, der unterhalb der Straße verläuft. Etwa 100 Meter vor den ersten Häusern von *Pfaffenbronn* (357 m) kreuzen wir die Straße, gehen 50 Meter nach links und dann rechts den geschotterten Forstweg hinauf. Nach etwa 40minütiger Wanderung verlassen wir den Forstweg nach links und erreichen gleich darauf den *Sulzerkopf* (*Soultzerkopf,* 480 m; die Hütte des Club Vosgien Soultz-sous-Fôrets ist von Mitte März bis Mitte November sonntags bewirtschaftet).

Von der Hütte aus wandern wir in nördlicher Richtung am Geländer entlang und dann am Steilabfall der Vogesen weiter.

Dieser Pfad gewährt eine großartige Aussicht über die Rheinebene bis hinüber zum Schwarzwald. Später mündet er in einen Forstweg und, wo dieser nach links schwenkt, geht es rechts hinunter und in großen Schleifen zurück zum *Pfaffenschlick*.

9 Niedersteinbach – Hichtenbacher Hals – Frönsburg – Niedersteinbach

Verkehrsmöglichkeiten Von der B 427 (Dahn – Kandel) über Schönau, nach dem Fleckensteiner Weiher rechts ab oder von Wissembourg (Weißenburg) auf der D 3 bis Niedersteinbach.
Parkmöglichkeiten Beiderseits der Hauptstraße; großer Parkplatz beim Restaurant »Cheval Blanc«.
Wegmarkierungen Rotes Dreieck, dann roter Strich zur Frönsburg, gelbe Raute zurück.
Weglänge Etwa 7,5 Kilometer.
Wanderzeit Etwa 2 Stunden.
Höhenunterschiede Insgesamt etwa 190 Meter. Kräftiger Anstieg von Niedersteinbach (227 m) zur Wegspinne (398 m).
Wanderkarten 1:25 000 Topographische Karte »Dahn und Umgebung mit elsäss. Grenzgebiet« vom Landesvermessungsamt Rheinland-Pfalz oder Wanderkarte »3814 ET Haguenau – Wissembourg« vom ign Paris.

Wissenswertes Den Befunden nach stammt die *Frönsburg* aus dem 12. Jahrhundert. Erste Erwähnung 1269. Mitbesitzer sind in der Mitte des 14. Jahrhunderts die Herren von Sickingen. Diese nahmen Bürger der Stadt Weil gefangen, worauf der Bischof von Straßburg die Burg zerstören ließ. 1389 Wiederaufbau durch die Herren von Löwenstein. Ab 1481 im Besitz der Flekkensteiner. 1677 durch Montclar zerstört.
Anmerkung Personalausweis nicht vergessen!

Wegbeschreibung Wir beginnen unsere Wanderung am Ortseingang von *Niedersteinbach* (227 m) aus Richtung Lembach und gehen nach dem Haus Nr. 49 mit der roten Raute in nördlicher Richtung. Unser Pfad verläuft recht steil bergauf bis zu einer Wegspinne (398 m). Unterwegs erblicken wir links oben den Zigeunerfels.

Jetzt folgen wir dem roten Strich nach rechts und erreichen kurz danach die Wegspinne *Hichtenbacher Hals* (*Col de Hichtenbach,* 357 m). Wir wandern in südlicher Richtung weiter, steigen sanft an und umrunden den Falkenberg (408 m), wobei wir den Blick in das Steinbachtal genießen. Bald sehen wir das rote Felsmassiv mit der Ruine. Bevor wir die *Froensbourg,* (*Frönsburg,* 325 m) erreichen, kreuzen wir einen breiten Forstweg.

Die Burg verlassen wir im Norden, gehen nach links durch den Halsgraben, an der Westseite der Burg abwärts und am Fuß des Burgfelsens mit der gelben Raute nach rechts. Im Steinbachtal angekommen (gegenüber sehen wir das Forsthaus Katzenthal), wandern wir nach rechts am Talrand entlang zurück.

10 Wengelsbach – Blumenstein – Maimont – Wasigenstein – Zigeunerfelsen – Wengelsbach

Verkehrsmöglichkeiten Von Schönau auf der Wengelsbacher Straße oder von Wissembourg (Weißenburg) auf der D 3 und 1 Kilometer nach dem Ortsende von Niedersteinbach rechts ab.
Parkmöglichkeiten Beschränkt im Bereich des Restaurants »Au Wasigenstein«.
Wegmarkierungen Verschiedene.
Weglänge Etwa 9 Kilometer.
Wanderzeit Etwa 2½ Stunden.
Höhenunterschiede Insgesamt etwa 360 Meter. Anstieg mit wechselnden Steigungen von Wengelsbach (264 m) zum Maimont (515 m); überwiegend leichte Steigung vom Wasigenstein (340 m) zum Zigeunerfelsen (456 m).

Wengelsbach

Wanderkarten 1:25 000 Topographische Karte »Dahn und Umgebung mit elsäss. Grenzgebiet« vom Landesvermessungsamt Rheinland-Pfalz oder Wanderkarte »3814 ET Haguenau – Wissembourg« vom ign Paris.
Anmerkung Eine wenig anstrengende, jedoch sehr interessante Wanderung. Personalausweis nicht vergessen!
Wissenswertes Das abgeschiedene Dörfchen *Wengelsbach* war bis 1933 nur von deutscher Seite her erreichbar. – Die Burg *Blumenstein* wurde um 1250 von den Grafen von Zweibrücken erbaut. Lehensnehmer sind anfangs die Ritter von Blumenstein; ab 1347 Mitbesitz von Fleckenstein, später auch von Dahn; im 18. Jahrhundert gemeinsam Pfalz-Zweibrücken und Hochstift Speyer. Zerstört: 1525 im Bauernkrieg (um 1600 Wiederaufbau), 1689 von den Franzosen; um 1700 notdürftig hergerichtet und später verfallen. Von der Unter-, Mittel- und Oberburg sind noch Teile der Schildmauer und zwei Zisternen erhalten. – Der mehrgipfelige *Maimont,* über dessen Kamm die Landesgrenze verläuft, gehört zu den bemerkenswertesten Stätten der Frühzeit. Um seinen Hauptgipfel zieht eine Ringwallanlage keltischen Ursprungs. Auf dem Nebengipfel befindet sich eine Felsenschale, »Opferschale« genannt. Zahlreiche keltische und römische Funde belegen, daß der Berg Jahrhunderte lang eine große Bedeutung besaß. – Am Südhang liegt die sagenumwobene Burgruine *Wasigenstein* aus der Mitte des 12. Jahrhunderts. Bis in das 14. Jahrhundert war sie Reichslehen der Herren von Wasigenstein, kam in der Folge an von Hohenburg, von Fleckenstein und zuletzt an die Grafen von Hanau-Lichtenberg. Im

30jährigen Krieg zerstört, wurde die Burg 1680 von Montclar geschleift. – Der *Zigeunerfelsen,* eine Gruppe von großartigen Tischfelsen, zeigt in seinem oberen Teil Bearbeitungen des Steins, die auf eine mittelalterliche Befestigung schließen lassen.

Wegbeschreibung Wir gehen mit dem roten Kreuz vom Restaurant »Au Wasigenstein« in *Wengelsbach* (264 m) in wenigen Minuten rechts hinauf zur Wegspinne *Wengelsbacher Hals* (310 m), wo wir die deutsch-französische Grenze überschreiten und wandern mit dem Wegzeichen gelb-rot nach links auf dem fast ebenen Forstweg weiter. Bald ragt vor uns der Felsklotz auf, der die Ruine der Felsenburg *Blumenstein* (361 m) trägt.

Gegenüber steigen wir den Forstweg hinauf. Wo gelb-rot rechts abbiegt (an der Abzweigung rechts eine alte Wolfsgrube), geht es halblinks mit rot-weiß-rot weiter aufwärts auf den *Maimont* (515 m). Wenige Minuten danach durchschreiten wir den keltischen Ringwall. Oben ist rechts des Weges ein Felsen mit »keltische Opferschale« gekennzeichnet. In Schleifen geht es bergab, wobei wir nochmals den Ringwall kreuzen, dem hier ein zweiter Wall vorgelagert ist.

Vom *Col du Maimont* (390 m) wandern wir in acht Minuten abwärts zur Doppelruine *Wasigenstein* (340 m). Im Halsgraben der Burg entdecken wir einen in den Fels gemeißelten Brunnen. Wir wenden uns mit der Markierung roter Strich in östliche Richtung, wobei wir den oberen Weg wählen. Beim *Klingelfels* (385 m) kommen wir zur Straße, derem aufwärts verlaufenden Teil wir bis zur nächsten Kurve folgen. Hier.wandern wir den links ansteigenden Pfad hinauf zur gewaltigen Kulisse des *Zigeunerfelsens* (456 m). Der größte Felsklotz kann mittels Treppen bestiegen werden.

Bei der folgenden Abzweigung wandern wir 20 Meter geradeaus und dann den schmalen Pfad mit dem roten Dreieck links hinunter. Er leitet uns in großen Schleifen bergab nach *Wengelsbach* (unterwegs auf die Wegführung achten!), wo wir nach links durch die Dorfstraße zurück zum Ausgangspunkt gehen.

Die sagenumwobene Burg Wasigenstein

11 Obersteinbach – Wachtfels – Klein-Arnsburg – Obersteinbach

Verkehrsmöglichkeiten Von Wissembourg (Weißenburg) auf der D 3 in Richtung Bitche.
Parkmöglichkeiten Am Ortsausgang in Richtung Bitche links der Straße. Beiderseits der Hauptstraße darf nicht geparkt werden!
Wegmarkierungen Verschiedene.
Weglänge Etwa 4 Kilometer.
Wanderzeit Etwa 1 Stunde.
Höhenunterschiede Insgesamt etwa 90 Meter. Einziger Anstieg von Obersteinbach (244 m) mit wechselnden Steigungen zum Wachtfels (329 m).
Wanderkarten 1:25 000 Topographische Karte »Dahn und Umgebung mit elsäss. Grenzgebiet« vom Landesvermessungsamt Rheinland-Pfalz oder Wanderkarte »3814 ET Haguenau – Wissembourg« vom ign Paris.
Wissenswertes *Klein-Arnsburg (Petit Arnsbourg)* wurde vermutlich im 13. Jahrhundert zum Schutz der wichtigen Straße durch das Steinbachtal erbaut. Sie war im Besitz des Klosters Weißenburg, das die Burg den Herren von Wasigenstein zu Lehen gab. Nach mehrfachem Wechsel der Besitzer kam sie nacheinander in die Hände der Grafen von Zweibrücken-Bitsch und Hanau-Lichtenberg. Im 30jährigen Krieg zerstört.

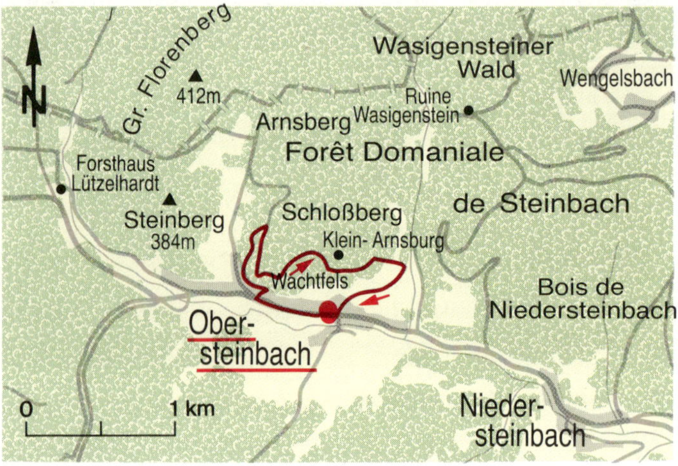

Wegbeschreibung Ausgangspunkt: Ortsende von *Obersteinbach* (244 m) in Richtung Bitche. Wir gehen etwa 500 Meter in Richtung Ortsmitte, am »Restaurant au Wachtfels« mit dem roten senkrechten Strich links die Rue du Wachtfels hinauf und am Fuß des Wachtfels scharf links in den breiten Forstweg, den wir nach einer Wegbiegung rechts auf einem Pfad verlassen. Nach kurzem, steilem Anstieg wenden wir uns scharf rechts in den breiten, nur noch leicht ansteigenden Forstweg. Fünf Minuten danach sind wir oberhalb vom *Wachtfels* (329 m), der leicht begangen werden kann. Schöner Blick auf das Dorf!

Obersteinbach, ein beliebter Ausgangspunkt für Wanderungen

Achtung! Wenige Minuten später verlassen wir den Forstweg rechts auf einem abwärts verlaufenden, schmalen Pfad. Kurz danach stehen wir vor dem imposanten Felskoloß, der die Ruinen der *Klein-Arnsburg* (*Petit Arnsbourg,* 300 m) trägt. Über Treppen kann die Burg bestiegen werden. Beim Verlassen der Burg, jetzt mit der roten Raute, sehen wir links in einer Felsenkammer die Jahreszahl 1494. Am Hang des Schloßberges wandern wir in östlicher Richtung weiter. Am Fuß eines riesigen Felskolosses gehen wir in einer Schleife rechts hinunter und mit dem roten Andreaskreuz nach rechts in das Dorf, wo wir am Ende der Rue de l'Arnsbourg nach rechts zum Ausgangspunkt zurück wandern.

12 Obersteinbach – Wittschloessel – Wineck – Schoeneck – Obersteinbach

Verkehrsmöglichkeiten Von Wissembourg (Weißenburg) auf der D 3 in Richtung Bitche.
Parkmöglichkeiten Am Ortsausgang in Richtung Bitche links der Straße. Beiderseits der Hauptstraße darf nicht geparkt werden!
Wegmarkierungen Verschiedene.
Weglänge Etwa 12 Kilometer.
Wanderzeit Gut 3 Stunden.
Höhenunterschiede Insgesamt etwa 380 Meter. Anstieg von Obersteinbach (244 m) mit wechselnden Steigungen zum Wittschlössel (449 m); kräftiger Anstieg von der Straße (239 m) zur Ruine Schoeneck (380 m).
Wanderkarte 1:25 000 »3814 ET Haguenau – Wissembourg« vom ign Paris.
Wissenswertes Die kleine Burg *Wittberg,* im Volksmund Wittschlössel genannt, gehörte als Vorburg zu Wineck und Schöneck und war ein Lehen der Grafen von Lichtenberg. 1677 von den Franzosen zerstört. – Die Burg *Wineck* war bis zu ihrer Zerstörung, 1677, im Besitz der Herren Eckebrecht von Dürkheim. – Die Burg *Schöneck* entstand im 13. Jahrhundert, war ein bischöflich straßburgisches Lehen, das nacheinander im Besitz der Grafen von Lichtenberg, ab 1480 von Zweibrücken-Bitsch war, als Afterlehen im Besitz der Herren von Schöneck und ab 1517 bei den Eckebrechten von Dürkheim. 1677 von den Franzosen zerstört.

Wegbeschreibung Ausgangspunkt: Ortsende von *Obersteinbach* (244 m) in Richtung Bitche. Wir gehen in östlicher Richtung durch das Dorf, biegen mit dem Wegzeichen roter Strich rechts in die Rue du Wittberg und beim alten Waschplatz rechts in die Rue de la Glockengrube. Durch einen Hohlweg verlassen wir das Dorf.Nach anfangs sanftem Anstieg durch ein Wiesentälchen, dann kräftiger ansteigend, erreichen wir den *Col du Wittschloessel* (358 m), wo wir halblinks abbiegen. Etwa 200 Meter danach, wo der rote Strich abwärts verläuft, gehen wir ohne Markierung geradeaus (Wegweiser »Wittschloessel«). Während unser Pfad sich leicht ansteigend um den Berg windet, können wir den Blick auf Obersteinbach und die Ruinen der Umgebung genießen. Oben auf dem Gipfel erwarten uns zwei leuchtend rote Felsklötze mit den spärlichen Ruinen des *Wittschloessels* (449 m).

Wir kehren auf dem gleichen Weg zurück, um wenige Meter vor dem *Col du Wittschloessel* mit dem gelben Dreieck links hinunter zu wandern. Gleich darauf gehen wir auf einem breiten, sandigen Forstweg nach rechts bis zu einer Wegbiegung, wo wir am *Col du Wineck* (342 m) mit dem Zeichen gelber Punkt nach links schwenken. Nach leichtem Auf und Ab über einen Bergrücken sehen wir eine Viertelstunde später vor uns ein riesiges Felsriff und dahinter die Ruine *Wineck* (363 m).

An der Südseite der Burg steigen wir in großen Schleifen bergab (immer noch gelber Punkt). Beim *Forsthaus Herrenhof* (235 m) gehen wir nach rechts auf einem schmalen Pfad oberhalb der Straße weiter. Unterwegs, während wir auf demselben Pfad bleiben, wechselt unsere Markierung. Jetzt folgen wir der gelben Raute. Nach dem Kreuzen der Straßengabel folgt ein schweißtreibender Anstieg auf dem Pfad zur Ruine *Schoeneck* (380 m).

Nach ausgiebiger Rast gehen wir zurück in den Burgsattel und folgen dem gelben senkrechten Strich in nördlicher Richtung. Durch das Langthal wandern wir abwärts und vor der Bitscher Straße nach rechts am Reiterhof vorbei zum Parkplatz.

13 Obersteinbach – Wachtfels – Klein-Arnsburg – Obersteinbach – Wittschloessel – Wineck – Schoeneck

Anmerkung Durch Verbindung der beiden Touren 11 und 12 ergibt sich eine sehr interessante Tageswanderung.
Wegmarkierungen Verschiedene.
Weglänge Etwa 14 Kilometer.
Wanderzeit Etwa 3½ Stunden.

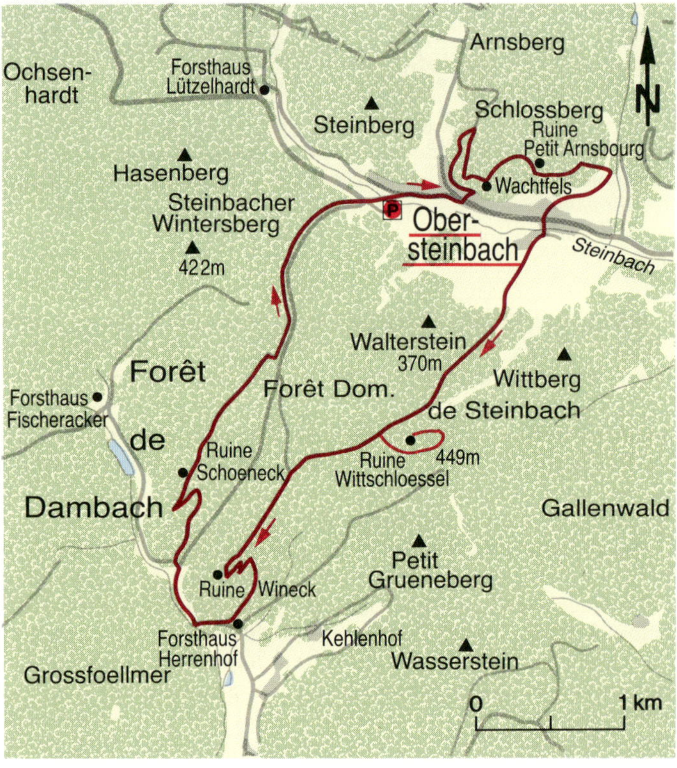

Höhenunterschiede Etwa 470 Meter.
Wanderkarte 1:25 000 »3814 ET Haguenau – Wissembourg« vom ign Paris.

Wegbeschreibung Wie bei Tour 11 zum *Wachtfels,* zur Ruine *Klein-Arnsburg (Petit Arnsbourg)* und zurück nach *Obersteinbach.* Hier am Ende der Rue de l'Arnsbourg die Hauptstraße kreuzen und wie bei Tour 12 zu den Ruinen *Wittschlössel, Wineck* und *Schoeneck* und zurück nach *Obersteinbach.*

14 Obersteinbach – Lützelhardt – Bayrischer Windstein – Obersteinbach

Verkehrsmöglichkeiten Von Wissembourg (Weißenburg) auf der D 3 in Richtung Bitche.
Parkmöglichkeiten Am Ortsausgang in Richtung Bitche links der Straße. Beiderseits der Hauptstraße darf nicht geparkt werden!
Wegmarkierungen Verschiedene.
Weglänge Etwa 8 Kilometer.
Wanderzeit Etwa 2 Stunden.
Höhenunterschiede Insgesamt etwa 215 Meter. Kurzer Steilanstieg vom Tal (260 m) zur Ruine Lützelhardt (351 m); Steilanstieg vom Steinbachtal (260 m) zum Bayerischen Windstein; danach steiler Abstieg zum Grenzturm.
Wanderkarten 1:25 000 Topographische Karte »Dahn und Umgebung mit elsäss. Grenzgebiet« vom Landesvermessungsamt Rheinland-Pfalz oder Wanderkarte »3814 ET Haguenau – Wissembourg« vom ign Paris.
Anmerkung Eine etwas anstrengende, jedoch sehr interessante Wanderung. Bei nassem Wetter ist der Steilabstieg zum Grenzturm zu meiden! Personalausweis nicht vergessen!
Wissenswertes *Obersteinbach* gehörte im Mittelalter den Grafen von Zweibrücken-Bitsch, dann bis 1793 zu Hanau-Lichtenberg. 1814 kam es an Bayern und 1825 an Frankreich. – Die Burg *Lützelhardt (Lutzelhardt)* wurde im 12. Jahrhundert von den Herzögen von Lothringen erbaut. Die Gründung des Klosters Stürzelbronn erhöhte die Bedeutung der Burg. 1470 kam sie in den Besitz der Herren von Hohenburg, danach bis 1570 an Zweibrücken-Bitsch und dann an Hanau-Lichtenberg. Wann sie zerstört wurde ist nicht bekannt.

Wegbeschreibung Ausgangspunkt: Ortsende von *Obersteinbach* (244 m) in Richtung Bitche. Mit dem Wegzeichen gelber Strich verlassen wir das Dorf in westlicher Richtung auf der Rue du Liesthal und wandern durch das beschauliche Tal auf die Ruine Lützelhardt zu. Beim Forsthaus Lutzelhardt biegen wir rechts ab. Später steigen wir kurz und steil links den Burgberg hinauf zur Ruine *Lützelhardt* (351 m).

Nach Besichtigung der einstigen Felsenburg steigen wir wieder hinunter in den Burgsattel und folgen jetzt dem in nördlicher Richtung abwärts verlaufenden gelben Andreaskreuz. In wenigen Minuten sind wir an der deutsch-französischen Grenze, folgen ihrem Verlauf und an der Wegspinne *Schwarze Tafel* (259 m) der Markierung blau-weiß. In einer Schleife geht es vom oberen Steinbachtal (260 m) hinauf zum *Bayerischen Windstein* (366 m), einem riesigen Tischfelsen, der bestiegen werden kann.

Direkt am Felsen folgen wir dem roten Ring und dem Verlauf der Grenzsteine steil abwärts. Wenn es naß ist, empfiehlt es sich, einige Meter weiter blau-weiß zu folgen und dann rechts dem Pfad, der anschließend im Zick-Zack abwärts verläuft. Unten angekommen, stehen wir vor einem riesigen Felsturm. Es ist

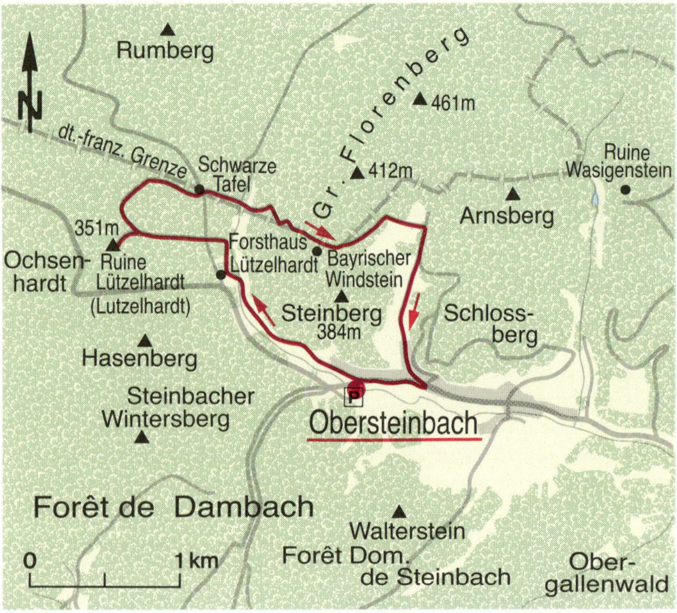

Über Obersteinbach ragt der Wachtfels empor

der *Grenzturm,* der auch *Windsteinerfels* (294 m) genannt wird. Jetzt heißt es aufpassen! Wir folgen halblinks dem Pfad (roter Ring) in den Taleinschnitt, In einer Rechtsschleife verläuft der Grasweg durch das stille Wiesental des Schangenbachs zurück nach *Obersteinbach,* wo wir nach rechts zum Ausgangspunkt zurückkehren.

15 Neunhoffen – Rothenburg – Neunhoffen

Verkehrsmöglichkeiten Von Wissembourg (Weißenburg) auf der D 3 in Richtung Bitche bis zum Ortsende von Obersteinbach, links ab auf der D 53 nach Wineckerthal und nach rechts auf der D 853 nach Neunhoffen.
Parkmöglichkeiten Mehrere Parkplätze in der Ortsmitte.
Wegmarkierungen Blaues Dreieck, dann blauer Punkt zum Rothenbachtal, senkrechter blauer Strich zurück.
Weglänge Etwa 10 Kilometer.
Wanderzeit Etwa 2½ Stunden.

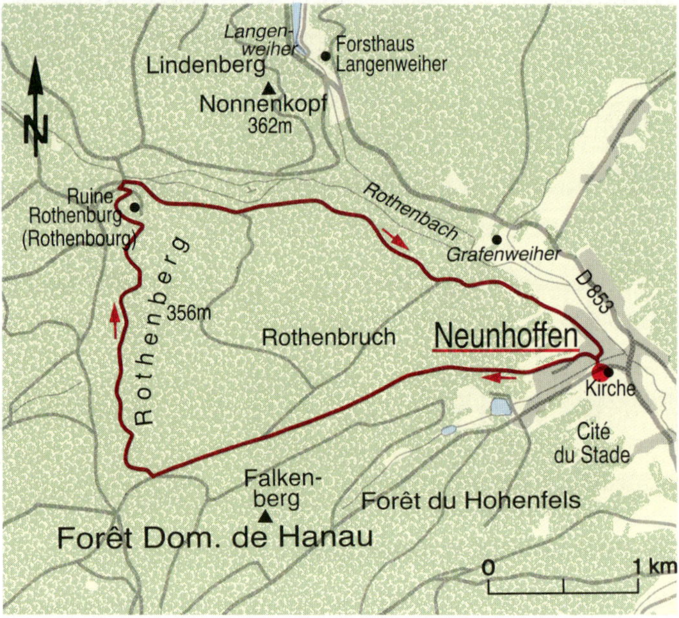

Burg Lützelhardt

Höhenunterschiede Insgesamt etwa 115 Meter.
Wanderkarte 1:25 000 »3713 ET Pays de Bitche«, ign Paris.
Wissenswertes Dem Buckelquadermauerwerk nach zu urteilen, kann man die Entstehung der *Rothenb(o)urg* in das 12./13. Jahrhundert ansetzen. Sie wurde 1355 zum erstenmal erwähnt. Nachdem ihre Bewohner zu Raubrittern herabgesunken waren, erfolgte im 14. Jahrhundert die Zerstörung der Burg durch Straßburger Bürger.

Wegbeschreibung Bei der Kirche in *Neunhoffen* (228 m) gehen wir mit dem Wegzeichen blaues Dreieck die Rue de l'Ecole hinauf und nach 200 Metern in den Chemin de Bruyère. Ein sanft ansteigender Weg verläuft durch herrliche schattige Wälder. Nach gut drei Kilometern wenden wir uns an einer Wegspinne (Schranke) nach rechts in einen breiten, sandigen Forstweg. Wir verlassen ihn nach knapp einer Viertelstunde an einer Gabelung, wobei wir den unteren geradeaus verlaufenden Weg wählen. Am Ende dieses fast ebenen Forstweges auf einem schmalen Pfad zu den Resten der einstigen *Rothenb(o)urg* (340 m, 6 km).

Wir gehen ein Stückchen zurück und steigen auf dem schmalen Zickzack-Pfad kurz und steil hinunter in das Rothenbachtal. Hier folgen wir dem blauen senkrechten Strich nach rechts. Er verläuft eben auf einem Forstweg durch das versumpfte Tal, wobei Relikte der *Maginotlinie* den Weg säumen. Wo die Markierung bei einem Bunker nach links schwenkt, bleiben wir auf dem Forstweg, der uns zurück nach *Neunhoffen* leitet.

Blick vom Stürzelbronner Kreuz auf Stürzelbronn

16 Stürzelbronn – Mühlenbach – Luchsfelsen – Bremendell – Stürzelbronn

Verkehrsmöglichkeiten Aus Richtung Bitche auf der D 35; aus Richtung Wissembourg (Weißenburg) auf der D 3.
Parkmöglichkeiten Gegenüber der Kirche.
Wegmarkierungen Durchgehend blaues Kreuz.
Weglänge Etwa 12 Kilometer.
Wanderzeit Etwa 3 Stunden.
Höhenunterschiede Insgesamt etwa 210 Meter. Leichter Anstieg vom Mühlenbachtal (267 m) auf den Kuhberg (340 m).
Wanderkarte 1:25 000 »3713 ET Pays de Bitche« vom ign Paris.
Anmerkung Nicht sehr anstrengende Wanderung in die stillen Wälder des Grenzgebietes. Personalausweis nicht vergessen!
Wissenswertes 1135 gründete Herzog Simon I. von Lothringen die Zisterzienserabtei *Stürzelbronn,* die er mit reichem Besitz ausstattete. Ein Großteil des Besitzes lag in der Südwestpfalz. Die Herzöge von Lothringen wählten das Kloster als Grablege. 1525 wurde es im Bauernkrieg geplündert. 1571 besetzte es Graf Philipp von Hanau-Lichtenberg. 1633 vollständig zerstört. Etwa 100 Jahre danach erfolgte der Wiederaufbau. 1789 wurde das Kloster aufgehoben und danach die Gebäude zum Abbruch versteigert. Heute sind nur noch geringe Reste vorhanden.

Wegbeschreibung Von der Kirche in *Stürzelbronn* (*Sturzelbronn,* 252 m) in östlicher Richtung an der Straße entlang, am Ortsende mit dem blauen Kreuz links in das Sträßchen und an stillen Weihern entlang zum Gehöft *Muhlenbach* (*Mühlenbach,* 256 m). Vor dem Mühlenbachweiher (Bademöglichkeit) und dem Campingplatz gehen wir nach links durch einen Hohlweg und am Waldrand rechts den Pfad hinauf. Durch herrlichen Buchenwald gelangen wir auf einen breiten Forstweg, der kaum noch ansteigt. Nach mehreren Wegbiegungen verlassen wir den Forstweg nach links.

Nach etwa 6 Kilometern sind wir am *Luchsfelsen* (305 m). Er besteht aus zwei imposanten Pilzfelsen, wovon der kleinere eine sehr schmale Basis hat. An der Südseite befindet sicn ein weiterer Tischfelsen mit einer überhängenden Felsplatte. Bald mündet unser Pfad in einen breiten Forstweg, der einen großen Bogen beschreibt und in ein Sträßchen mündet, dem wir zur *Bremendell* (7,5 km, 270 m, Gasthaus) folgen.

Wir gehen zurück zum Waldrand, biegen links ab und stoßen bald wieder auf unsere Markierung. Ohne große Höhenunter-

schiede verläuft unser Weg durch Buchenwald. Etwa eine halbe Stunde nach der Bremendell verlassen wir in einer Rechtskurve den Forstweg nach links zum *Kreuzberg* (385 m). Bald sind wir am *Stürzelbronner Kreuz,* vom dem wir einen schönen Blick auf das Klosterdörfchen haben. Vor dem Kreuz geht es links hinunter. Der Abstieg nach *Stürzelbronn* erfolgt zeitweilig recht steil. Unten nach links zur Kirche zurück.

17 Hanauer Weiher – Waldeck – Erbsenberg – Hanauer Weiher

Verkehrsmöglichkeiten Aus Richtung Bitche und Haguenau auf der N 62; Abzweigung zum Étang de Hanau zwischen Philippsbourg und Bannstein. Nächster Bahnhof Bannstein (3 km).
Parkmöglichkeiten Großer Parkplatz beim Restaurant Bellevue.
Wegmarkierungen Durchgehend gelber Ring.
Weglänge Etwa 7,5 Kilometer.
Wanderzeit Etwa 2 Stunden.
Höhenunterschiede Insgesamt etwa 150 Meter.
Wanderkarte 1:25 000 »3713 ET Pays de Bitche« vom ign Paris.
Anmerkung Nicht sehr anstrengende Wanderung in die stillen Wälder des Hanauer Landes.
Wissenswertes Der Hanauer *Weiher (Étang de Hanau)* ist der größte und beliebteste Badeweiher im Krummen Elsaß. Zwei Restaurants, ein Campingplatz und ein Bootsverleih sind die Anziehungspunkte in diesem Erholungsgebiet. – Die 1335 erstmals erwähnte Burg *Waldeck* dürfte im 13. Jahrhundert erbaut

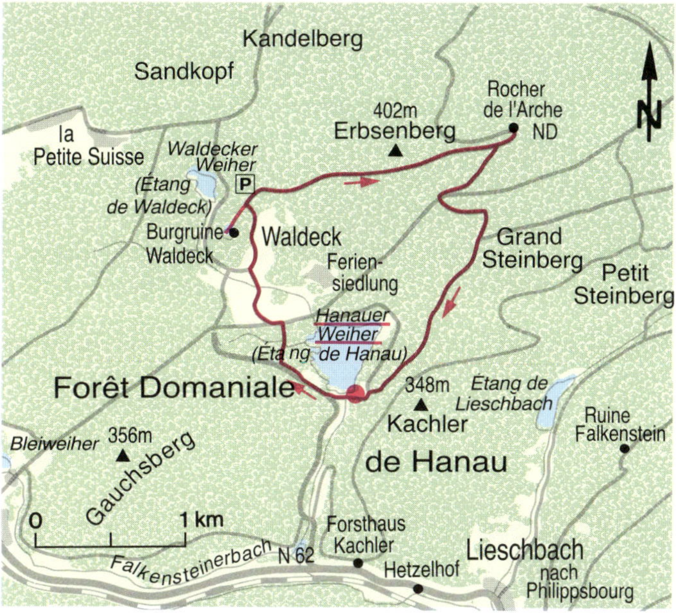

worden sein. Sie gehörte bis 1395 den Herren von Lichtenberg, kam dann in den Besitz der Grafen von Zweibrücken-Bitsch und 1570 an Hanau-Lichtenberg. Im 30jährigen Krieg zerstört, wurde sie nicht mehr aufgebaut.

Wegbeschreibung Vom Parkplatz am *Hanauer Weiher* (*Étang de Hanau,* 230 m) gehen wir mit dem gelben Ring auf dem Weg parallel zur Straße in westliche Richtung, unter mächtigen Kiefern und Buchen am See entlang, auf der Forststraße knapp 100 Meter nach links und nach rechts über eine Wiese weiter. Wir wandern auf den Bergfried der Ruine Waldeck zu. Nach dem *Weiler Waldeck* (255 m) biegen wir ohne Markierung scharf links hinauf zur Burgruine *Waldeck* (325 m), die auf einem wuchtigen Felsmassiv thront. Der Bergfried gewährt eine herrliche Aussicht.

Wir gehen zurück zur Wegspinne (278 m), von der wir aufgestiegen sind, hier nach links durch den Hohlweg und auf dem sanft ansteigenden Weg nach rechts weiter. Nach knapp einer Stunde erblicken wir auf dem *Erbsenberg* links von uns ein herrliches Naturdenkmal: Der Buntsandstein des *Erbsenfelsens* bildet hier eine natürliche Brücke mit großer Spannweite, den *Rocher de l'Arche* (Felsbogen), eine der großartigsten Felsbildungen der Nordvogesen. Von den beiden wuchtigen Felstürmen am Nordende des etwa 500 Meter langen Felsenriffs gehen wir ein Stück zurück, dann links hinunter und ohne nennenswerte Höhenunterschiede zurück zum *Hanauer Weiher,* wobei wegen der vielen Abzweigungen besonders gut auf die Markierung geachtet werden muß.

18 Hanauer Weiher – Waldeck – Rothenbachtal – Erbsenberg – Hanauer Weiher

Verkehrsmöglichkeiten Aus Richtung Bitche und Haguenau auf der N 62; Abzweigung zum Étang de Hanau zwischen Philippsbourg und Bannstein. Nächster Bahnhof Bannstein (3 km).
Parkmöglichkeiten Großer Parkplatz beim Restaurant Bellevue.
Wegmarkierungen Durchgehend gelber Ring.
Weglänge Etwa 13 Kilometer.
Wanderzeit Etwa 3¼ Stunden.
Höhenunterschiede Insgesamt etwa 150 Meter.
Wanderkarte 1:25 000 »3713 ET Pays de Bitche«, ign Paris.

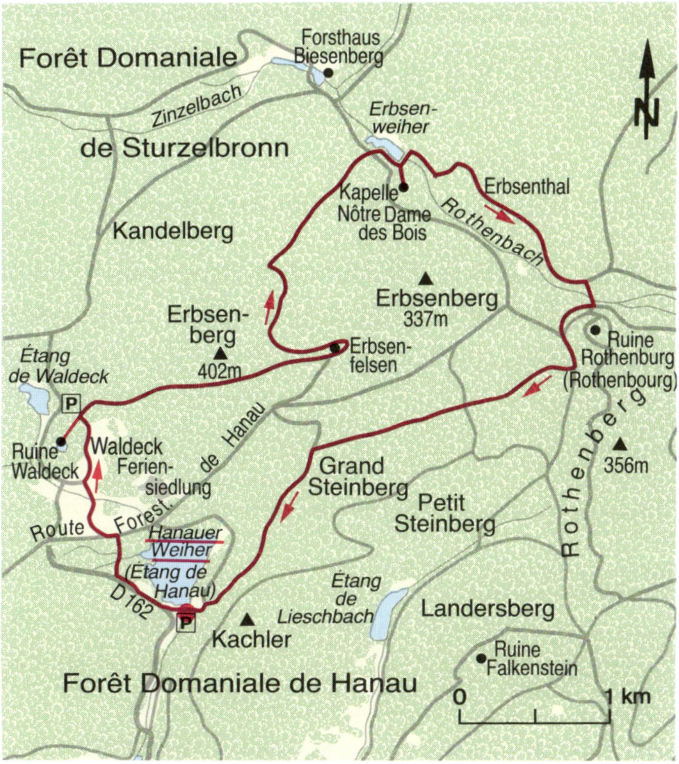

Anmerkung Nicht sehr anstrengende Wanderung in die stillen Wälder des Hanauer Landes.

Wegbeschreibung Wie bei Tour 17 vom *Hanauer Weiher* (*Étang de Hanau,* 230 m) zum Weiler und zur Ruine *Waldeck* (325 m) sowie zum *Erbsenberg* mit dem *Erbsenfelsen* und dem *Rocher de l'Arche.* Wir umwandern das etwa 500 Meter lange Felsenriff, so daß wir es von zwei Seiten bewundern können. An der folgenden Wegkreuzung (327 m) behalten wir die eingeschlagene Richtung bei. Bald darauf senkt sich unser Weg nach rechts in das *Erbsenthal* (251 m, 6,5 km). Bei der Ruine eines adeligen Gutshofes am *Erbsenweiher* machen wir einen kleinen Abstecher zur Kapelle *Nôtre Dame des Bois zu Unserer Lieben Frau im Wald).*

Wir wandern am Ostufer des Sees entlang, biegen rechts ab und genießen für einige Zeit die stille Talaue des Rothenbachs.

Am Fuße des Rothenbergs wenden wir uns nach rechts und wandern ohne nennenswerte Höhenunterschiede zurück zum *Hanauer Weiher,* wobei wegen der vielen Abzweigungen besonders gut auf die Markierung geachtet werden muß.

Archäologische Rundwanderung

19 Lemberg – Bumbhose-Brunnen – Dreibilderstein – Lemberg

Verkehrsmöglichkeiten Lemberg liegt an der Bahnstrecke Saarbrücken – Sarreguemines – Hagenau. Mit dem Auto von Bitche auf der D 37 nach Lemberg.
Parkmöglichkeiten Nach dem ersten (alleinstehenden) Haus von Lemberg rechts am Waldrand (auch für Busse).
Wegmarkierungen Weißes Kreuz, dann rotes Dreieck zurück. Anmerkung: Weiße Markierungszeichen werden durch andere Zeichen ersetzt.
Weglänge 6 Kilometer. **Wanderzeit** Etwa 1½ Stunden.

Höhenunterschiede Insgesamt etwa 150 Meter.
Wanderkarte 1:25 000 »3713 ET Pays de Bitche« vom ign Paris.
Wissenswertes Beim *Bumbhose-Brunnen (Source St. Hubert)* handelt es sich um ein gallo-römisches Quellheiligtum aus dem 2./3. Jahrhundert. Auf einem Felsen, dessen obere Hälfte fehlt, ist eine Jagdszene dargestellt. Neben der Jagdgöttin ist der Waldgott Silvanus zu erkennen sowie mehrere Tiere. Daneben befindet sich ein aus dem Felsen gehauenes Wasserbecken, das vermutlich rituellen Waschungen diente. – Der *Dreibilderstein (Rocher des Trois Figures)* ist ein gallo-römisches Felsheiligtum, auf dem vermutlich Diana und Silvanus zu sehen sind.

(Foto: Michael Klees)

Wegbeschreibung Ausgangspunkt ist der Waldparkplatz *Carrefour Central* (385 m) an der Straße Bitche – Lemberg nach dem ersten (alleinstehenden) Haus von Lemberg rechts. Mit dem weißen Kreuz wandern wir in westliche Richtung und an der ersten Gabelung geradeaus in den Grasweg. Nach etwa 1,5 Kilometern gelangen wir zum *Bumbhose-Brunnen* (*Source St. Hubert,* 360 m), einem gallo-römischen Quellheiligtum.

Am *Col des 2 Schloßberg* (365 m) geht es halblinks mit dem roten Dreieck weiter. Bald durchqueren wir eine kleine Schlucht, wo das Wasser über Felsen herabrieselt. Nach einem neu geschobenen Forstweg gelangen wir in das Dreibilderthal mit mehreren idyllisch gelegenen Weihern. Nach dem Umwandern eines Taleinschnitts kommen wir zum *Dreibilderstein* (*Rocher des Trois Figures,* 320 m). Am *Carrefour de Cerisier* (*Kirschbaum,* 318 m), in der Nähe der Bitscher Straße, wenden wir uns nach rechts. Achtung! Später verlassen wir den breiten Forstweg links hinauf und sind bald wieder am Ausgangspunkt.

Auf dem Grottenweg bei Lemberg

20 Lemberg – Krippenfelsen – Chorfelsen – Hasslingerfelsen – Bildmühle – Lemberg

Verkehrsmöglichkeiten Lemberg liegt an der Bahnstrecke Saarbrücken – Sarreguemines – Hagenau. Mit dem Auto von Bitche auf der D 37 nach Lemberg und im Ort den Wegweisern »Club Vosgien« folgen.
Parkmöglichkeiten Bei der Hütte des Club Vosgien Lemberg.
Wegmarkierungen Blaue Raute, dann gelb-weiß-gelb und gelber Punkt zurück.
Weglänge 7 Kilometer.
Wanderzeit Etwa 1¾ Stunden.
Höhenunterschiede Insgesamt etwa 130 Meter. Kurzer, steiler Anstieg zur Lemberger Hütte am Schluß der Wanderung.
Wanderkarte 1:25 000 »3713 ET Pays de Bitche«, ign Paris.
Wissenswertes Im Keller der zerstörten *Oberbildmühle* befindet sich ein Relief einer keltischen Matronengottheit. – Unter dem *Hasslingerfelsen* suchten die Bewohner von Lemberg während der Kämpfe im Frühjahr 1945 Schutz.

Wegbeschreibung Ausgangspunkt ist die *Hütte (Chalet)* des *Club Vosgien Lemberg* (410 m, sonntags bewirtschaftet). Mit dem Wegzeichen blaue Raute steigen wir direkt am Haus die Treppen hinab und folgen nach links der Trasse der militärischen Schmalspurbahn. Später gehen wir mit gelb-weiß-gelb und dem blauen Dreieck geradeaus weiter. Am *Carrefour Pont Neuf* (381 m) wandern wir mit dem gelben Punkt rechts hinunter und gleich nach der Eisenbahnbrücke links in einen schmalen Pfad. Etwa 200 Meter nach der großen Rechtskurve verlassen wir den Forstweg halblinks und sind sogleich am *Krippenfelsen* (380 m), einer niedrigen, natürlichen Felsenhöhle.

Unser Pfad kehrt auf den Forstweg zurück. Nachdem wir abermals den Forstweg verlassen haben, stehen wir am *Chorfel-*

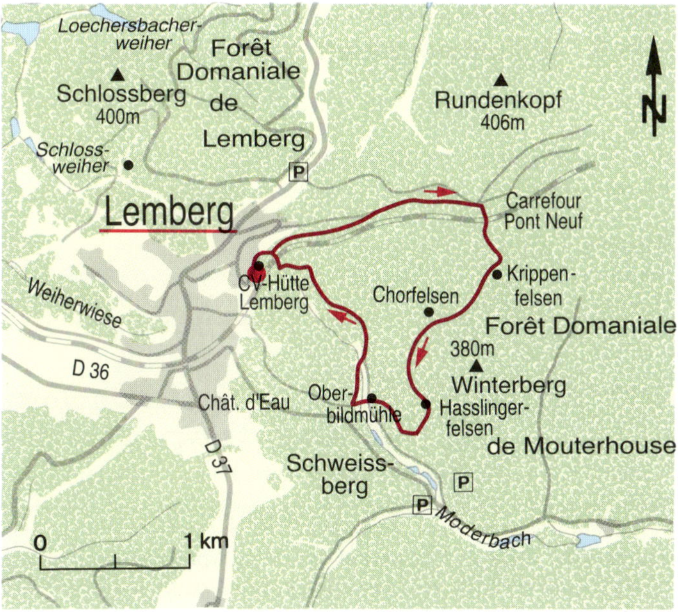

sen, einem mächtigen, überhängenden Felsklotz. Am Carrefour *Handenkoepfel* (315 m) kreuzen wir einen weiteren Forstweg. Bald darauf sind wir am riesigen *Hasslingerfelsen* (280 m), der mehrere natürliche Höhlen besitzt. Da sich in der Folge breite Forstwege und schmale Pfade abwechseln, ist besonders sorgfältig auf die Markierung zu achten!

Im stillen Tal der Zinsel gehen wir links um einen Weiher herum. Hier stand einst die Unterbildmühle. Talaufwärts sind wir in wenigen Minuten an den Ruinen der *Oberbildmühle* (285 m), wo wir im Felsen am Bach das keltische Heiligtum entdecken. Gegenüber stehen die Reste eines Bildstocks. Achtung! Bei der kleinen Anglerhütte geht es rechts hinauf. Am *Wasserfelsen* (*Cascades des Ondines,* 365 m) beginnt der Anstieg zürück zur *CV-Hütte Lemberg* (Markierung rote Raute), wobei wir an der *Zinselquelle* (*Fontaine du Wasserfelsen,* 370 m) vorüberkommen.

21 Goetzenbruck – Althorn – Zwölfapostelstein – Goetzenbruck

Verkehrsmöglichkeiten Von Bitche auf der D 37 nach Goetzenbruck.
Parkmöglichkeiten Hinter der Kirche.
Wegmarkierungen Grünes (weißes) Dreieck, dann blaues Dreieck zum Zwölfapostelstein; rotes Dreieck zurück.
Weglänge Etwa 11 Kilometer.
Wanderzeit Etwa 2¾ Stunden.
Höhenunterschiede Insgesamt etwa 220 Meter. Teils steiler, teils leichter Anstieg von Althorn (276 m) zum Kaesberg (397 m).
Wanderkarte 1:25 000 »3714 ET La Petite Pierre – Niederbronn-les-Bains« vom ign Paris.
Wissenswertes Beim 4 Meter hohen *Zwölfapostelstein (Breitenstein, Pierre des Douze Apôtres)* handelt es sich um einen vorgeschichtlichen Menhir (Hinkelstein). Nach dem Gelübde eines Holzhändlers wurde der obere Teil 1787 in ein Kreuz umgewandelt und darunter an vier Seiten die zwölf Apostel eingemeißelt. – Der *Dreipeterstein (Rochers des Trois Pierres),* auf dem noch die Wappen von Lothringen und Hanau-Lichtenberg zu sehen sind, war ein Dreimärker (Grenzstein) zwischen diesen beiden Herrschaften und der Grafschaft Nassau. – Die *Colonne,* eine runde Säule, wurde während des 2. französischen Kaiserreiches zur Erinnerung an den Bau dieser Straße errichtet. – *Goetzenbruck* und die umliegenden Dörfer waren Zentren der Kristallglasherstellung. In Gotzenbruck gibt es noch einen größeren sowie kleine Betriebe.

Wegbeschreibung Ausgangspunkt ist die Kirche in *Goetzenbruck* (384 m): Die Rue d'Ingwiller hinunter, an ihrem Ende rechts mit dem weißen Dreieck (wird auf grünes Dreieck umgestellt) die Rue Harpe hinauf und auf der Rue d'Afrique ortsauswärts über die Felder in den Wald. Wir behalten bergab in etwa die gleiche Richtung bei und kommen so nach *Althorn* (276 m): Am Ende der Rue de la Montagne nach rechts auf der Rue d'Alsace durch das Dorf.

Nach dem Ortsende links um den ersten Fischteich herum und anschließend kräftig ansteigend rechts hinauf (hier ist bereits das grüne Dreieck markiert). Auf der Höhe des Kaesberges (397 m) nach rechts auf dem ebenen, sandigen Forstweg weiter, an dessen Ende der *Zwölfapostelstein* (*Breitenstein, Pierre des Douze Apôtres,* 394 m), in einem Straßendreieck steht.

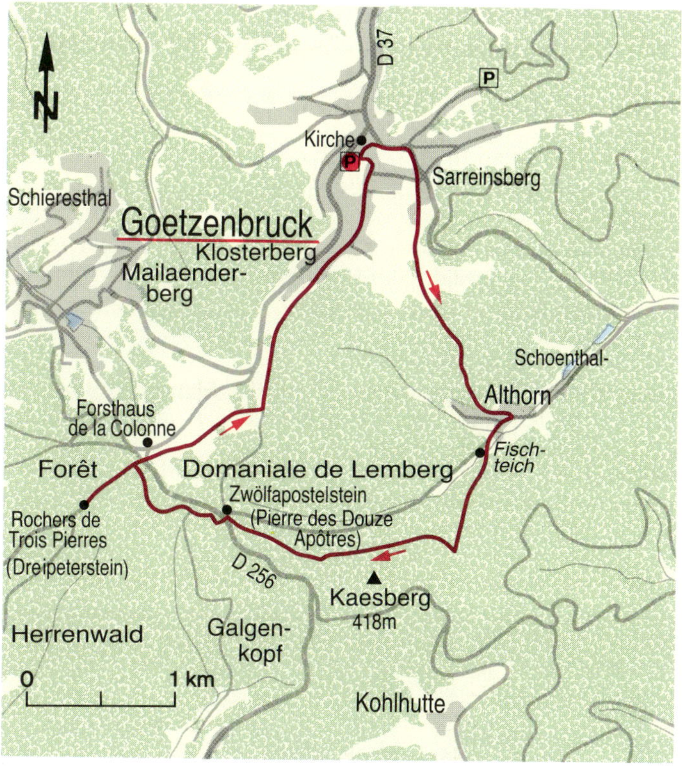

Wir kreuzen die Straße nach links und wandern nach 20 Metern mit dem gelben Dreieck rechts weiter. Wo diese Markierung rechts auf einem Pfad aufwärts verläuft, bleiben wir (ohne Markierung) auf dem breiten Forstweg, steigen den ersten Weg rechts hinauf und wandern auf dem folgenden breiten Weg wenige Meter nach links zum *Dreipeterstein* (*Rochers des Trois Pierres,* 381 m).

Wir wandern zurück und folgen jetzt dem roten Dreieck. Bei der *Colonne* (Säule, 410 m) und dem Forsthaus de la Colonne gehen wir 100 Meter an der Straße entlang, dann rechts über die Weiden in den Wald und dort nach links zurück nach *Goetzenbruck,* wo wir durch die Rue St. Hubert zur Kirche kommen.

22 Meisenthal – Colonne – Kammerfelsen – Soucht – Meisenthal

Verkehrsmöglichkeiten Von Bitche auf der D 37 nach Goetzenbruck, dann auf der D 83 nach Meisenthal; aus Richtung Haguenau auf der D 919 nach Wimmenau, dann D 12.
Parkmöglichkeiten Bei der Kirche oder an der Place Robert Schuman.
Wegmarkierungen Weißes Kreuz zur Colonne, rotes Dreieck durch den Herrenwald, gelb-weiß-gelb, dann weißes Andreaskreuz zurück.
Weglänge 9 Kilometer.
Wanderzeit Etwa 2¼ Stunden.
Höhenunterschiede Insgesamt etwa 190 Meter. Anstieg von Meisenthal (290 m) zur Colonne (406 m) und von Soucht (275 m) auf den Klausenberg (364 m).
Wanderkarte 1:25 000 »3714 ET La Petite Pierre – Niederbronn-les-Bains« vom ign Paris.
Wissenswertes *Colonne* und *Dreipeterstein* siehe Tour 21.

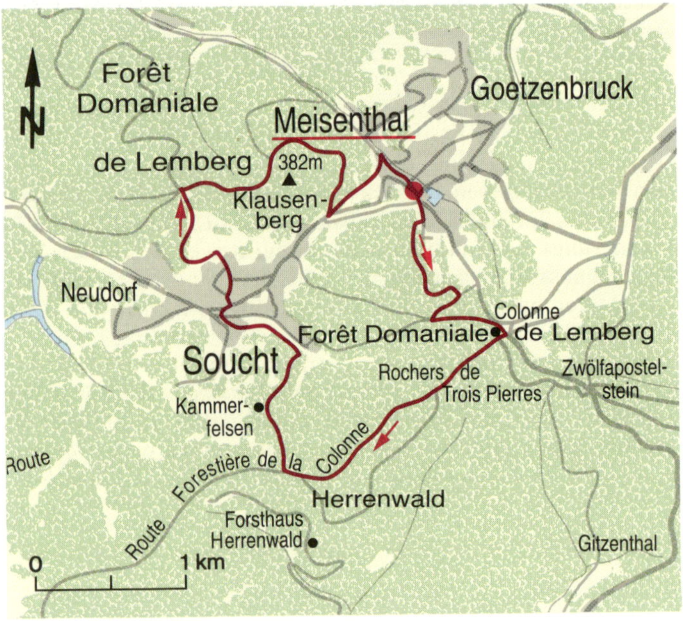

Ruine Alt-Windstein

Wegbeschreibung Als Ausgangspunkt wählen wir die Place Robert Schuman in *Meisenthal* (290 m): In östlicher Richtung in die Rue de la Colonne, beim Hotel Lucas rechts, vor Haus Nr. 8 mit dem weißen Kreuz rechts hinauf, nach 100 Metern nach links weiter. In großen Schleifen zieht sich der Weg bergauf zur Straßenkreuzung mit der *Colonne* (Säule, 406 m). Am Waldrand steht eine alte, beschädigte Säule mit der Darstellung eines Abtes.

Nun wenden wir uns mit dem roten Dreieck rechts in den Forstweg. Nach einer Viertelstunde fallen links am Weg die *Rochers des Trois Pierres* (*Dreipeterstein,* 400 m) auf. Ohne Höhenunterschied wandern wir durch die herrlichen Buchenbestände des *Herrenwaldes,* bis wir links Fichtenbestände haben. Hier biegen wir mit dem Wegzeichen gelb-weiß-gelb rechts hinunter. Bald sind wir am *Kammerfelsen* (350 m), einem Pilzfelsen mit natürlichen kleinen Kammern.

Beim Friedhof betreten wir *Soucht* (*Sucht,* 275 m, 6 km, im Ort Holzschuhmachermuseum): An der Kirche vorbei, rechts durch die Rue de Cimetière, rechts in die Rue des Allies, an der Place du Général de Gaulle links durch die Rue Albert Schweitzer und bei den letzten Häusern links weiter. Nach der Lourdesgrotte rechts hinauf, an der Wegkreuzung im Wald rechts ab. Später leitet uns das weiße Andreaskreuz zurück nach *Meisenthal.*

23 Jaegerthal – Neu-Windstein – Jaegerthal

Verkehrsmöglichkeiten Der Weiler Jaegerthal liegt an der D 53 von Reichshoffen nach Bitche.
Parkmöglichkeiten In der Route de Nehwiller oberhalb vom Hotel.
Wegmarkierungen Blauer Strich, dann gelbes Kreuz zum Windsteinsattel, rot-weiß-rot in das Schwarzbachtal.
Weglänge Etwa 9 Kilometer.
Wanderzeit Etwa 2¼ Stunden.
Höhenunterschiede Insgesamt etwa 320 Meter. Langer, überwiegend leichter Anstieg von Jaegerthal (201 m) auf etwa 450 Meter. 10minütiger Anstieg vom Windsteinsattel (317 m) auf Neu-Windstein (376 m).
Wanderkarte 1:25 000 »3814 ET Haguenau – Wissembourg« vom ign Paris.
Wissenswertes 1684 erbaute die Familie Dietrich (heute: de Dietrich) ein erstes Hammer- und Eisenwerk und dabei das Schloß *Jägerthal,* das heute noch in einem schönen Park erhalten ist. – Die Burg *Alt-Windstein (Vieux Windstein)* entstand im 12. Jahrhundert als Hohenstaufenburg zum Schutz von Hagenau und wurde den Herren von Windstein zu Lehen gegeben. Nachdem diese Kaufmannszüge überfallen hatten, wurde die Burg 1332 von Straßburger und Hagenauer Bürgern zerstört. In der

Der Jägerthaler Weiher, eine Oase der Ruhe

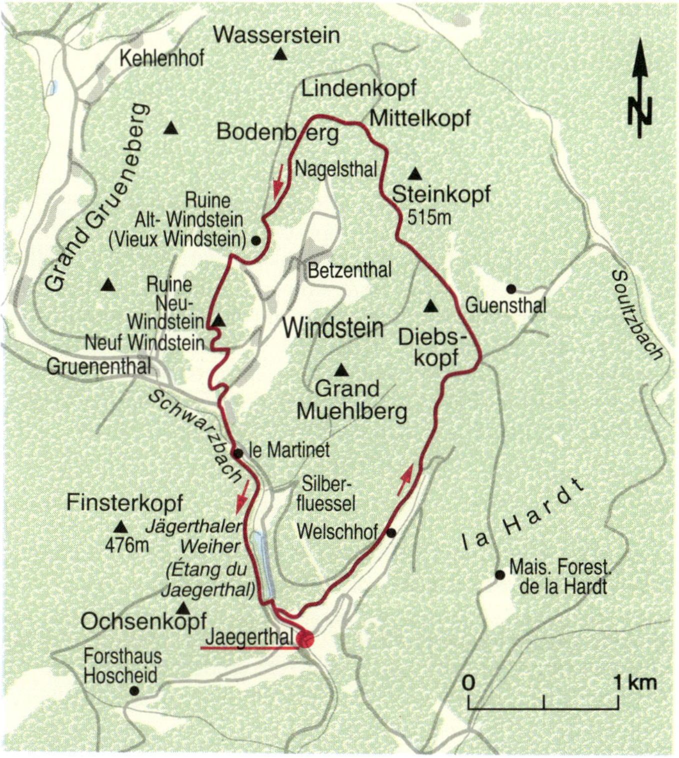

Folge erwarben die Herren von Dürkheim durch Heirat den größten Teil der Burg. Sie wurde 1515 durch die Truppen des Herzogs von Lothringen angezündet. 1664 war sie verfallen. – *Neu-Windstein (Nouveau Windstein)* wurde anfangs des 12. Jahrhunderts erbaut. Die Burg kam im 14. Jahrhundert ebenfalls in den Besitz der Eckebrechte von Dürkheim. Nach dem 30jährigen Krieg verfiel sie und wurde 1676 von den Franzosen zerstört.

Wegbeschreibung Gegenüber der Ruinen des Eisenwerks, am Ortsausgang von *Jaegerthal* (201 m) in Richtung Dambach, steigen wir mit dem blauen Strich hinter den Häusern den Berg hinauf. Längere Zeit verläuft der Weg am Waldrand talaufwärts, wobei unterwegs das Gehöft *Welschthal* (245 m) passiert wird. Am Ende des Hohlweges im Wald geht es an der Wegspinne mit dem gelben Kreuz nach links weiter. Als Relikte der Maginotlinie säumen Bunker unseren Weg.

Nach dem Umrunden des Windsteiner Tales gelangen wir zum Windsteinsattel (317 m, Einkehrmöglichkeit). Auf einem schlechten Weg kann man nach rechts in wenigen Minuten an den spärlichen Resten der Burg *Alt-Windstein* (*Vieux Windstein,* 340 m) sein. Geradeaus weiter ist man in zehn Minuten an der Ruine *Neu-Windstein* (*Nouveau Windstein,* 376 m). Empfehlung: Man sollte nicht dem schmalen, recht abenteuerlichen Pfad mit rot-weiß-rot folgen, sondern auf dem unmarkierten Forstweg bleiben; er ist besser und bequemer.

Um den Schloßberg herum steigen wir mit dem Wegzeichen rot-weiß-rot, stellenweise steil, abwärts. Unten am Hotel-Restaurant gehen wir etwa 250 Meter auf der Straße in Richtung Niederbronn, um *vor* dem letzten Haus auf dem unmarkierten Forstweg am Schwarzbach entlang talabwärts zu wandern. Zuletzt leitet uns der blaue Strich am *Jägerthaler Weiher (Étang du Jaegerthal)* entlang zum Ausgangspunkt zurück.

24 Philippsbourg – Falkenstein – Lieschbach – Philippsbourg

Verkehrsmöglichkeiten Aus Richtung Wissembourg auf der D 3 bis Obersteinbach, nach dem Ortsende auf der D 53 bis Wineckerthal, auf der D 853 bis Neunhoffen, auf der D 87 nach Philippsbourg oder auf der N 62 Bitsch – Haguenau.
Parkmöglichkeiten Am Rathaus (Mairie), dem früheren Bahnhof.
Wegmarkierungen Blauer Punkt zum Waldparkplatz, blaues Dreieck bis Lieschbach und gelb-weiß-gelb zurück.
Weglänge Etwa 8 Kilometer.
Wanderzeit Etwa 2 Stunden.
Höhenunterschiede Insgesamt etwa 180 Meter. Kurzer Steilanstieg zum Falkenstein; überwiegend sanfte bis leichte Anstiege.
Wanderkarte 1:25 000 »3713 ET Pays de Bitche«, ign Paris.
Wissenswertes 1566 erbaute Graf Philipp IV. von Hanau-Lichtenberg das Schloß *Philippsburg,* das 1633 zerstört wurde. Das dabei entstandene Dorf ist erst seit 1875 selbständig. – Die Burg *Falkenstein* wurde zu Beginn des 12. Jahrhunderts von den Grafen von Lützelburg erbaut. Nach deren Aussterben ging sie 1205 in den Besitz der Herren von Falkenstein über. 1564 an die Grafen von Hanau-Lichtenberg verkauft. 1566 schlug der Blitz ein und die Burg brannte fünf Tage. Nach dem Wiederaufbau wurde sie 1622 und endgültig 1677 durch die Franzosen zerstört.

Gotische Kapelle in Philippsbourg

Wegbeschreibung Beim Rathaus (Mairie) *Philippsbourg* (219 m) über den Bahnübergang, am Ende der Rue de Baerenthal links in die Route de Niederbronn, nach dem Weiher mit dem Wegzeichen blauer Punkt rechts ab, nach dem Ortsende die Straße kreuzen, links den Pfad hinauf und auf dem Forstweg weiter. Beim Forsthaus *Weihersthal* (244 m) kreuzen wir abermals die Straße. Kurz danach geht es etwa 500 Meter auf der Stürzelbronner Straße weiter bis zum Waldparkplatz, wo wir mit dem blauen Dreieck halblinks abbiegen.

Unser Weg steigt allmählich an, auf dem letzten Stück kurz und steil zur imposanten Ruine *Falkenstein* (382 m). Der obere Teil der etwa 120 Meter langen, in und um den Fels erbauten Burg ist begehbar und gewährt eine schöne Aussicht. Auf ihrem höchsten Punkt hat der Club Vosgien Sarreguemines eine Orientierungstafel angebracht.

Wir gehen auf dem gleichen Weg ein Stück zurück und dann links weiter abwärts (Wegweiser: MF Schlossberg). Wir durchwandern einen schattigen Hochwald. Im anschließenden Jungwald heißt es aufpassen! Hier geht es rechts in einen Pfad. Beim Haus Falkenreiter im Weiler *Lieschbach* (224 m) kreuzen wir die Nationalstraße N 62 und die Bahn und wandern an der südlichen, schattigen Talseite mit der Markierung gelb-weiß-gelb nach links zurück zum Dorf *Philippsbourg*.
Anmerkung Wer im Jungwald den Einstieg versäumt hat, geht beim Forsthaus Schlossberg auf der Straße 100 Meter nach rechts.

25 Dambach – Hohenfels – Wintersberg – Dambach

Verkehrsmöglichkeiten Aus Richtung Wissembourg auf der D 3 bis Obersteinbach, auf der D 53 bis Wineckerthal, dann D 853; aus Richtung Haguenau auf der N 62 bis Reichshoffen, auf der D 53 bis Windstein, dann D 853.
Parkmöglichkeiten Am Rathaus (Mairie) gegenüber der Kirche.
Wegmarkierungen Gelbes Kreuz zum Col du Molloch, blaues Kreuz zur Niederbronner Hütte, roter Strich auf den Wintersberg und roter senkrechter Strich zurück.

Falkenstein, einst eine kühne Felsenburg, heute beliebtes Wanderziel

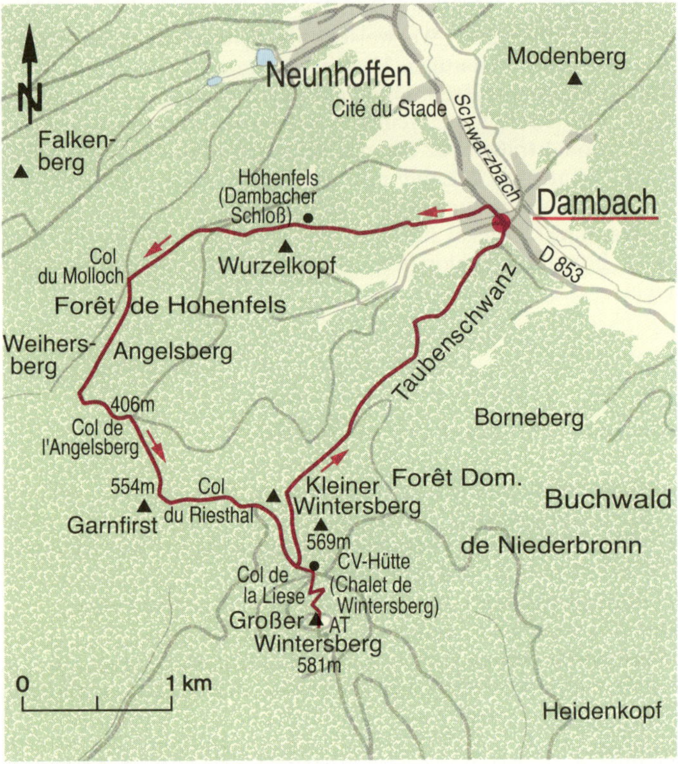

Weglänge 11 Kilometer.
Wanderzeit Etwa 3 Stunden.
Höhenunterschiede Insgesamt etwa 360 Meter. Überwiegend leichter Anstieg von Dambach (226 m) zum Col du Molloch (362 m), steiler Anstieg vom Col de l'Angelsberg (406 m) zum Garnfirst (500 m), Anstieg vom Col de la Liese (513 m) auf den Großen Wintersberg (581 m).
Wanderkarten 1:25 000 »3713 ET Pays de Bitche« und »3714 ET La Petite Pierre« vom ign Paris.
Wissenswertes Der *Hohenfels,* auch Dambacher Schloß genannt, eine typische Felsenburg, gehörte im 13. Jahrhundert den Herren von Ettendorf, die sich auch »von Hohenfels« nannten. Die Burg wechselte bis 1798 häufig den Besitzer. Zerstörungen: 1423 durch Straßburger Bürger, 1525 im Bauernkrieg und 1677 durch die Franzosen. – Am *Col de la Liese* ist eine Figur in den Fels gehauen. Sie stammt vermutlich aus keltischer Zeit. Der

Volksmund nennt diese Figur »Liese«. – Der 25 m hohe Aussichtsturm auf dem *Großen Wintersberg* wurde 1889 vom Vogesenclub erbaut.
Anmerkung Die Hütte des Club Vosgien Niederbronn ist nur an Sonn- und Feiertagen geöffnet.

Wegbeschreibung Von der Ortsmitte von *Dambach* (226 m) etwa 200 Meter in Richtung Neunhoffen (Nordwesten), dann mit dem gelben Kreuz links ab. Durch ein beschauliches Wiesental verlassen wir das Dorf, betreten den Wald in einem Hohlweg, der später kurz und steil zu den Resten der Felsenburg *Hohenfels* (343 m) führt. Danach säumen mehrere Felstürme unseren Weg. Nach etwa einer Dreiviertelstunde sind wir an der Wegspinne *Col du Molloch* (362 m).

Hier nehmen wir links den fast ebenen Weg mit dem blauen Kreuz. Kurz vor der Wegspinne *Col de l'Angelsberg* (406 m) steigt er ein wenig an. Schöner Blick auf Dambach und nach Norden bis zum Pfälzerwald. Es folgt ein etwa zehnminütiger Steilanstieg zum *Garnfirst* (500 m). Eben geht es zum *Col du Riesthal* (501 m). Wir gehen an der Straße entlang zum *Col de la*

(Foto: Ulrich Schnabel)

Liese (513 m, 6 km), wo die *Hütte des Club Vosgien Niederbronn (Chalet du Wintersberg)* steht. Unter der Woche bietet die offene Hütte der Forstverwaltung Schutz.

Vor der Hütte gehen wir schräg über den Parkplatz und steigen mit dem roten Strich den Zickzackpfad hinauf zum *Großen Wintersberg* (581 m), wo der Aussichtsturm eine wirklich umfassende Aussicht gewährt. Auf dem gleichen Weg zurück zum Col de la Liese und auf dem Trimm-Dich-Pfad zum *Col du Riesthal.* Hier biegen wir mit dem roten senkrechten Strich rechts ab. Zuerst steil abwärts, dann bei leichtem Gefälle wandern wir bis zur scharfen Linkskurve, wo wir geradeaus in den Pfad gehen. Bei wechselndem Gefälle leitet er uns hinunter nach *Dambach.*

26 Niederbronn-les-Bains – Keltenlager – Wintersberg – Col de la Liese – Niederbronn-les-Bains

Verkehrsmöglichkeiten Aus Richtung Haguenau auf der N 62 bis zur Ausfahrt Niederbronn-Ouest (West), dann 100 m in nordwestlicher Richtung.
Parkmöglichkeiten Einzelne Parkplätze bei der Mineralwasserfabrik (Keltenquelle); für Busse am Bahnhof (Gare).
Wegmarkierungen Roter Strich zum Col de la Liese (dazwischen rot-weiß-rot zum Keltenlager), rote Raute zurück.
Weglänge 9 Kilometer.
Wanderzeit Etwa 2½ Stunden.
Höhenunterschiede Insgesamt etwa 380 Meter. Teils leichter, teils steiler Anstieg von der Keltenquelle (204 m) zum Ziegenberg (477 m), anschließend kräftiger Anstieg auf den Großen Wintersberg (581 m).
Wanderkarte 1:25 000 »3714 ET La Petite Pierre« vom ign Paris.
Wissenswertes Die Kelten haben vermutlich schon vor den Römern die Heilquellen von *Niederbronn-les-Bains* genutzt. 1332 erwarben die Grafen von Lichtenberg das Dorf. 1592 ließ Graf Philipp V. von Hanau-Lichtenberg die heutige Römerquelle fassen und ein Badehaus errichten. Von den Verwüstungen des 30jährigen Krieges erholte sich der Ort erst im 18. Jahrhundert, als Johannes Dietrich (heute: de Dietrich) hier erfolgreich eisenverarbeitende Industrie ansiedelte, die bis heute besteht. Im Badeort werden die Mineralquellen zur Linderung bei Rheuma, Magen- und Leberleiden genutzt. – Der Gipfel des *Ziegen-*

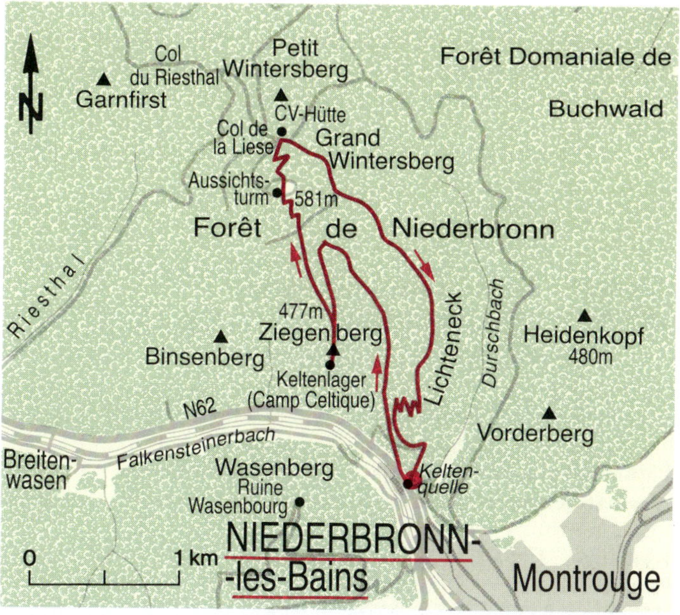

berges ist von einer niedrigen Trockenmauer umgeben. Je nach dem Standpunkt schreiben die Forscher das *»Keltenlager« (Camp Celtique)* den Kelten zu oder deuten es als karolingische Anlage. – *Wintersberg* und *Col de la Liese* siehe Tour 24.

Anmerkung Die Hütte des Club Vosgien ist nur an Sonn- und Feiertagen geöffnet.

Wegbeschreibung Als Ausgangspunkt wählen wir die *Keltenquelle* (*Source de Lichteneck,* Mineralwasserfabrik, 204 m), etwa 100 Meter westlich der Ausfahrt West der N 62. Mit dem roten Strich steigen wir links den Hang hinauf. Nach überwiegend steilem Anstieg wenden wir uns nach gut einer halben Stunde mit der Markierung rot-weiß-rot links hinauf zum Gipfel des *Ziegenberges* (477 m) mit dem *Keltenlager (Camp Celtique).* Wir gehen über den Rücken des Ziegenberges ein Stück zurück, an der Weggabelung halblinks weiter (immer noch rot-weiß-rot), stoßen wieder auf den roten Strich, folgen ihm weiter bergauf, überqueren einen Forstweg nach rechts versetzt und steigen auf einem Zickzackpfad hinauf zum *Großen Wintersberg* (581 m), wo der Aussichtsturm eine umfassende Aussicht gewährt.

Der Abstieg zum *Col de la Liese* (513 m), wo die *Hütte des Club Vosgien Niederbronn (Chalet du Wintersberg)* steht, erfolgt auf dem Zickzackpfad auf der Nordseite des Berges. Nach ausgiebiger Rast folgen wir dem forstlichen Ringweg in östlicher Richtung, Markierung rote Raute. Nach gut 500 Metern wenden wir uns auf dem Sentier Étienne Roehrig links hinunter. Er verläuft weitgehend über den Kamm des Lichteneck, um an seiner Südspitze im Zickzack zurück zu den Terrassen und dem Pavillon bei der Keltenquelle zu führen.

27 Niederbronn-les-Bains – Wasenb(o)urg – Wasenkoepfel – Niederbronn-les-Bains

Verkehrsmöglichkeiten Aus Richtung Haguenau auf der N 62 bis zur Ausfahrt Niederbronn, dann zum Bahnhof (Gare).
Parkmöglichkeiten Parkplätze am Bahnhof (Gare).
Wegmarkierungen Roter Strich zum Wasenkoepfel; rot-weiß-rot, dann roter Strich von den Kreuztannen zurück.
Weglänge Etwa 10 Kilometer.
Wanderzeit Etwa 2½ Stunden.
Höhenunterschiede Insgesamt etwa 370 Meter. Zumeist kräftiger Anstieg von Niederbronn (210 m) zur Wasenburg (433 m). Zehnminütiger Anstieg von den Kreuztannen (446 m) zum Wasenköpfel (526 m).

Schloß Strahlenheim in Oberbronn

Wanderkarte 1:25 000 »3714 ET La Petite Pierre«, ign Paris.
Anmerkung Der Weg bis zu den Kreuztannen und von dort zurück folgt dem Verlauf eines *Waldlehrpfades.*
Wissenswertes *Niederbronn* siehe Tour 26. – An der Stelle der im Hochmittelalter erbauten *Wasenburg* hatten bereits die Römer einen Merkurtempel und vermutlich eine Bergbefestigung. Um 1280 vergrößerten die Herren von Lichtenberg die Burg. 1480 fiel sie an die Grafen von Zweibrücken-Bitsch und 1570 an Hanau-Lichtenberg. Sie wurde 1677 durch die Franzosen zerstört. Am Wachtfelsen vor der Burg hat der Vogesenclub römische Fundstücke zusammengestellt.

Wegbeschreibung In *Niederbronn-les-Bains:* 100 Meter östlich des Bahnhofs (200 m), gegenüber vom Hotel durch die Unterführung, mit dem roten Strich nach rechts durch die Allée des Tilleuls, geradeaus durch die Rue Charles Matthis, geradeaus in die Allée du Roi du Rome, gleich nach der Brücke der Umgehungsstraße scharf links und einen Zickzackpfad hinauf. Bei gleichmäßiger Steigung erreichen wir die *Wasenb(o)urg* (433 m).

Etwa 50 Meter zurück, jetzt aber auf dem oberen Weg (immer noch roter Strich) weiter. An der folgenden Wegkreuzung geht es rechts hinauf. Etwa 100 Meter nach der Wegspinne *Kreuztannen* (446 m) verlassen wir den Forstweg halbrechts auf einem ansteigenden Pfad zum *Wasenkoepfel* (526 m) mit dem 1887 erbauten Aussichtsturm, der eine herrliche Aussicht verspricht.

Bis zu den *Kreuztannen* geht es den gleichen Weg zurück. *Nach* der Wegspinne rechts den Pfad mit dem Wegzeichen rot-weiß-rot hinunter (Achtung! Nicht direkt an der Wegspinne; dieser Weg führt nach Oberbronn). Es ist ein schöner, angenehmer Pfad. Er verläuft bei gleichmäßigem Gefälle am Graebelsbrunnen (390 m) vorbei abwärts. Unten, ab der Wegspinne am Waldrand, folgen wir mit dem roten Strich dem gleichen Weg, wie zu Beginn, zurück zum Bahnhof *Niederbronn-les-Bains*.

28 Niederbronn-les-Bains – Wasenb(o)urg – Wasenkoepfel – Groß-Arnsburg (Grand Arnsbourg) – Breitenwasen – Niederbronn-les-Bains

Verkehrsmöglichkeiten Aus Richtung Haguenau auf der N 62 bis zur Ausfahrt Niederbronn, dann zum Bahnhof (Gare).
Parkmöglichkeiten Ausreichend Parkplätze am Bahnhof (Gare).
Wegmarkierungen Roter Strich zur Ruine Groß-Arnsburg, gelbes Dreieck zurück.
Weglänge Etwa 17 Kilometer.
Wanderzeit Etwa 4½ Stunden.
Höhenunterschiede Insgesamt etwa 370 Meter. Zumeist kräftiger Anstieg von Niederbronn (210 m) zur Wasenburg (433 m). Zehnminütiger Anstieg von den Kreuztannen (446 m) zum Wasenköpfel (526 m).
Wanderkarte 1:25 000 »3714 ET La Petite Pierre« vom ign Paris.
Wissenswertes *Niederbronn* siehe Tour 26. – *Wasenburg* siehe Tour 27. – Die Burg *Groß-Arnsberg (Grand Arnsbourg)* wurde vermutlich im Auftrag von Friedrich II. von Schwaben durch die Landgrafen von Werd im 12. Jahrhundert erbaut. 1332 ging sie in den Besitz der Herren von Lichtenberg über, 1470 an die Grafen von Zweibrücken-Bitsch und 1545 an die Grafen von Hanau. Ende des 17. Jahrhunderts wurde sie von den Franzosen zerstört.

N
Kreuzweg
Leizelthal
Riesthal
N 62
Forsthaus Riesthal
Ziegen-berg
Heidenkopf
Forêt de Niederbronn
Keltenlager (Camp Celtique)
Rocher des Bécassines
Schlangen-berg
Schlangen-thal
Vorderberg
Falkensteinerbach
Breitenwasen
Kapelle
Wasenberg
Ruine Wasenbourg
Source du Lichteneck
Forêt Domaniale de Hanau
Arnsberg
479m
Schlangen-berg
Reisberg
Montrouge
Unter-muehlthal
356m
Ruine Groß Arnsburg (Grand Arnsbourg)
Col de l'Ungerthal
Col d'Holdereck
Graebelsbrunnen
Bahnhof
la Zinsel du Nord Riv.
Bronnthal
526m
Kreuz-tannen
Gerstenfeld
Forêt Dom. de Niederbronn
Wasenkoepfel
Cité Guirsberg
Falkenberg
444m
Ungerthal
NIEDERBRONN-les-Bains
0
1 km
Oberbronn
Aschbach

Wegbeschreibung Vom Bahnhof *Niederbronn-les-Bains* (200 m) zur *Wasenb(o)urg* über die *Kreuztannen* zum *Wasenkoepfel* (526 m, 6 km) wie bei Wandervorschlag 27. Mit dem Wegzeichen roter Strich allmählich abwärts über die Wegspinnen *Col de l'Ungerthal* (436 m) und *Holdereck* (408 m) und wieder ansteigend zur Wegspinne *Grunschaft* (465 m). Ab hier geht es wieder bergab, zuletzt durch einen Hohlweg, zur Ruine *Groß-Arnsburg* (*Grand Arnsbourg,* 356 m, 9 km). Die Besteigung der Ruine ist in der Zwischenzeit von offizieller Seite verboten worden.

Die Markierung gelbes Dreieck leitet uns jetzt auf einem Forstweg in nördlicher Richtung weiter bergab zur Wegspinne *Col du Schlangenthal* (296 m). Unmittelbar davor wenden wir uns rechts hinunter in das zauberhafte *Schlangenthal.* In dessen unterem Teil müssen wir aufpassen, weil dort unsere Markierung auf die andere Talseite wechselt. Im Tal des Falkensteiner Bachs angekommen, verläuft unser Weg nach rechts am Bach entlang durch das Dörfchen *Breitenwasen* (211 m, 13 km) und weiter nach *Niederbronn-les-Bains,* wobei ab der Brücke der Umgehungsstraße der gleiche Weg benutzt wird, wie zu Beginn der Wanderung.

29 Oberbronn – Forsthaus Ziegelberg – Groß-Arnsburg (Grand Arnsbourg) – Wasenkoepfel – Oberbronn

Verkehrsmöglichkeiten Aus Richtung Haguenau auf der N 62 bis zur Ausfahrt Niederbronn, dann auf der D 28 nach Oberbronn.
Parkmöglichkeiten Ausreichend Parkplätze am Kloster.
Wegmarkierungen Blauer Strich zum Forsthaus Ziegelberg, gelber Punkt zur Groß-Arnsburg, roter Strich zum Wasenköpfel und blaue Raute nach Oberbronn.
Weglänge Etwa 14 Kilometer.
Wanderzeit Etwa 3½ Stunden.
Höhenunterschiede Insgesamt etwa 500 Meter. Leichter Anstieg vom Zinseltal (200 m) zur Wegspinne Grunschaft (465 m); leichter, zum Schluß kräftiger Anstieg vom Col de l'Ungerthal (436 m) zum Wasenköpfel (526 m).
Wanderkarte 1:25 000 »3714 ET La Petite Pierre«, ign Paris.
Anmerkung Unterwegs keine Einkehrmöglichkeit.

Wissenswertes *Oberbronn* war ursprünglich im Besitz der Herren von Born, deren berühmtester Sproß, der 1398 gestorbene Lambert von Born, nacheinander Bischof von Brixen, Speyer, Straßburg und Bamberg war. Er diente Kaiser Karl IV. als Kanzler und König Wenzel als Berater. Der Ort war seit 1466 im Besitz von Lichtenberg, ab 1480 von Zweibrücken-Bitsch und ab 1551 von Leiningen-Westerburg. Das Dorf weist eine große Zahl sehenswerter Häuser aus dem 16. Jahrhundert auf, darunter einige mit schönen Erkern. Die Grafen von Leiningen bauten im 16. Jahrhundert ein großes Schloß, das später in den Besitz der Familie Strahlenheim überging und seit 1857 Mutterhaus

Fachwerkhäuser in Oberbronn

der Niederbronner Schwestern ist. Sehenswert ist die evangelische Kirche von 1404 mit Chor von 1502 und Taufstein von 1505. Judenbad. – *Groß-Arnsburg (Grand Arnsbourg)* siehe Tour 28.

Wegbeschreibung Ausgangspunkt in *Oberbronn* (265 m) ist der Parkplatz am Kloster am Ende der Route de Niederbronn: In südlicher Richtung in die Rue Principale, am Rathaus (Mairie) mit der Markierung blauer Strich halbrechts die Rue du Tribunal hinauf, im Wald am *Daumen* (310 m) halblinks und nach etwa 200 Metern (Achtung!) nochmals halblinks einen Pfad hinunter. Oberhalb der Kestenmühle kreuzen wir das Ungerthal.

Am *Forsthaus Ziegelberg* über den Bach und nach der Zinsel mit dem gelben Punkt nach rechts. Ein idyllischer Weg führt am Bach entlang talaufwärts. Etwa 20 Minuten danach überqueren wir die Zinsel, das Tal und die Straße (200 m) und wandern links hinauf. Es ist ein angenehmer Weg, der sich bei leichter Steigung allmählich den Berg hinauf zieht. Achtung! Wo sich die Markierung gabelt, gehen wir mit »Arnsbourg direct« rechts hinauf. Der Forstweg endet abrupt an der lothringischen Grenze. Ein schmaler Pfad führt von hier hinüber zur Ruine *Groß-Arnsburg* (*Grand Arnsbourg,* 356 m, 10 km). Die Besteigung der Ruine ist in der Zwischenzeit von offizieller Seite verboten worden.

Der Pfad mit dem Wegzeichen roter Strich führt hinauf zur Wegspinne *Grunschaft* (465 m), wieder abwärts zur Wegspinne

Turmerker aus dem Jahr 1610 in Oberbronn

Holdereck (408 m), wo die Forststraße gekreuzt wird und allmählich aufwärts zur Wegspinne *Col de l'Ungerthal* (436 m). Nach abermaligem Überqueren der Forststraße steigt der Weg leicht, zum Schluß stärker an zum Aussichtsturm auf dem *Wasenkoepfel* (526 m). Etwa 400 Meter danach gehen wir mit der blauen Raute rechts hinunter. In einem Jungwald windet sich der schmale Pfad stellenweise recht steil abwärts. Oberhalb von Oberbronn gelangen wir zum imposanten Felsen *Buckelstein* (340 m). Leider ist die Aussicht weitgehend zugewachsen. In *Oberbronn* auf der Rue Gelders nach links und entweder die Rue du Chaudron rechts hinunter zur Rue Principale oder durch das kleine Tor in die Klosteranlagen, durch das Kloster und seinen schönen Park.

30 Rothbach – Pulverbrücke – Lichtenberg – Rothbach

Verkehrsmöglichkeiten Aus Richtung Haguenau auf der D 919 bis Ingwiller und auf der D 28 nach Rothbach.
Parkmöglichkeiten Bei der Kirche.
Wegmarkierungen Gelber Ring bis Picardie; blauer Strich von Champagne nach Rothbach.
Weglänge Etwa 12 Kilometer.
Wanderzeit Etwa 3 Stunden.
Höhenunterschiede Insgesamt etwa 230 Meter. Kurze Anstiege von Picardie (260 m) zur Festung Lichtenberg (414 m).
Wanderkarte 1:25 000 »3714 ET La Petite Pierre« vom ign Paris.
Wissenswertes Die Siedlungen *Picardie* und *Champagne* haben ihren Namen daher, daß der Festungsbaumeister Vauban nach 1681 Arbeiter aus der Picardie und der Champagne zum Bau der Festung Lichtenberg hier ansiedeln ließ. – Die Herren von *Lichtenberg* zählten zu den bedeutendsten Geschlechtern im Elsaß. Sie stellten drei Bischöfe von Straßburg, darunter Conrad, der das Straßburger Münster erbauen ließ. Um 1200 errichteten sie ihre Stammburg. 1305 bekam das unter der Burg entstandene Dorf die Stadtrechte. 1480 starb das Geschlecht im Mannesstamm aus. Die Grafschaft ging in der Erbfolge an die Grafen von Hanau und von Zweibrücken-Bitsch. 1570 fiel die Grafschaft ganz an Hanau. Von 1736 bis zur Französischen Revolution gehörte sie zu Hessen-Darmstadt. 1677 wurde die Burg von den Franzosen besetzt. König Ludwig XIV. von Frankreich ließ

sie ab 1681 durch Vauban zur Festung ausbauen. 1870 wurde sie zum letzten Mal militärisch genutzt.
Anmerkung Beschauliche Wanderung durch stille Wälder zu den historischen Stätten von Lichtenberg und mit geradezu überwältigender Aussicht.

Wegbeschreibung Aus der Ortsmitte wandern wir auf der Straße in Richtung Reipertswiller. Bei den Häusern Nr. 79 und 96 biegen wir links den Weg hinauf, wo wir auch den gelben Ring finden. Nach etwa 300 Metern heißt es aufpassen! Wir verlassen den Forstweg rechts über die Böschung. Bis zur Pulverbrücke bleiben wir auf dem Pfad oberhalb der Straße. Er verläuft später im Schleifen hinunter in das Rothbachtal. Hier erhebt sich der *Affenfels,* der bestiegen werden kann und mit einem Geländer gesichert ist.

Bei der *Pulverbrücke* (204 m) wenden wir uns nach links und wandern bei mäßiger Steigung auf das vor uns liegende Lichtenberg zu. Am Rande der Siedlung *Picardie* (274 m) bleiben wir, jetzt mit dem roten Strich, in der gleichen Richtung, bis wir am Fuß des Berges anlangen. Hier steigen wir in wenigen Minuten hinauf und kommen mitten in *Lichtenberg* (345 m, 6,5 km) auf der Place de l'Eglise heraus. Auf der Rue du Château geht es hinauf zur Festung (414 m), deren Besuch sich immer lohnt, nicht nur wegen der beeindruckenden Architektur, sondern auch der Aussicht wegen.

An der Südseite der Burg wandern wir auf der Rue des Jardins in die Siedlung *Champagne* (345 m), wo wir auf der Rue du Fosse nach links weiter gehen. Hier finden wir auch das Zeichen blauer Strich, das uns bis zum Ziel leiten wird. Am Feldkreuz biegen wir links ab und am Waldrand nochmals links. Unser Weg weist vorerst kaum Höhenunterschiede auf. Später hat man von einer großen Wegspinne aus einen schönen Blick nach Süden. Vom Steinbruch geht es in großen Schleifen hinunter nach *Rothbach*, wo wir nach rechts zur Ortsmitte wandern.

31 Reipertswiller – Lichtenberg – Wildenguth – Wanderheim Reipertswiller – Reipertswiller

Verkehrsmöglichkeiten Aus Richtung Haguenau auf der D 919 bis Ingwiller, auf der D 28 nach Rothbach und auf der D 198 nach Reipertswiller.
Parkmöglichkeiten Bei der Bank Credit Mutuel in der Rue des Ecoles.
Wegmarkierungen Blauer Ring, dann gelber Strich, dann gelbes Kreuz bis Wildenguth; gelber Punkt zurück.
Weglänge Etwa 14 Kilometer.
Wanderzeit Etwa 3½ Stunden.
Höhenunterschiede Insgesamt etwa 300 Meter. Überwiegend leichter Anstieg von Reipertswiller (213 m) zur Festung Lichtenberg (414 m); dazwischen kurzer Steilanstieg zur Place de l'Eglise in Lichtenberg.
Wanderkarte 1:25 000 »3714 ET La Petite Pierre«, ign Paris.
Anmerkung Als Ausgangspunkt kann auch das Wanderheim Reipertswiller genommen werden.
Wissenswertes *Picardie* und *Lichtenberg* siehe Tour 30. – *Reipertswiller* besitzt eine interessante Kirche. Der romanische Bau

Blick von der Annexe Champagne auf die Festung Lichtenberg

wurde durch Graf Jacob von Lichtenberg erweitert, 1478 fertiggestellt und zu seiner Grablege bestimmt. Opferstock von 1699.

Wegbeschreibung Wir gehen auf der Dorfstraße von *Reipertswiller* in Richtung Rothbach, links mit dem blauen Ring die Rue du Reservoir hinauf und im Wald den ersten Pfad scharf rechts weiter. Später im Neubaugebiet nach links, an der Straßenspinne die zweite Straße rechts hinunter, am Ende der Rue du Hasental die Rue du Moulin (213 m) kreuzen und nach dem Ortsende über Wiesenhänge hinauf.

In der Siedlung *Picardie* (272 m) geht es dann steiler bergauf. Rechts des Weges spendet ein Brunnen kühles Naß. Wir kommen mitten in *Lichtenberg* (345 m) auf der Place de l'Eglise heraus. Auf der Rue du Château geht es hinauf zur Festung (414 m). Für den Aufstieg gibt es zwei Möglichkeiten: nach rechts kurz und etwas steiler oder nach links um den Berg herum. Wir gehen die Rue du Château wieder hinunter, jetzt weiter bis zum Trafohaus und hier links durch die Rue du Vogelhardt.

Bald nimmt uns wieder der Wald auf. Das folgende Sträßchen schräg kreuzen. Da sich danach Pfade, Forstwege und auch mal Straße in bunter Folge abwechseln, muß besonders sorgfältig auf die Markierung geachtet werden. Fast eine Stunde lang gibt es nur geringe Höhenunterschiede. Gleich nach dem Kreuzen der Straße nach Wimmenau befindet sich rechts ein Rast- und Grillplatz mit einer Schutzhütte. Nach dem Überqueren der nächsten Forststraße treffen wir auf die Markierung gelbes Kreuz, der wir

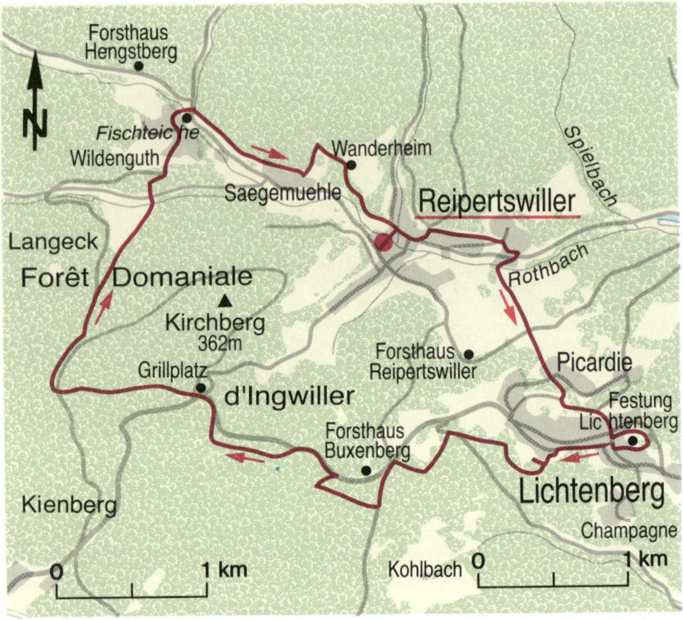

Am Fuße der Festung liegt das Dorf Lichtenberg

nach rechts folgen. Später gehen wir etwa 300 Meter auf der Forststraße, um sie dann halbrechts auf einem herrlichen, abwärts verlaufenden Pfad wieder zu verlassen.

Vom Kindsbronnerthal (236 m) zum Weiler *Wildenguth* (280 m) folgt ein kurzer Anstieg. Unten bei den Fischteichen geht es 20 Meter nach links und mit dem gelben Punkt nach rechts. Der Pfad verläuft oberhalb der Straße zum Weiler *Saegemuhle.* Etwa 2 Minuten danach sind wir am *Wanderheim Reipertswiller* (*Gîte d'Etape de Reipertswiller,* 245 m, sonntags bewirtschaftet, Übernachtungsmöglichkeit) und etwa fünf Minuten später in *Reipertswiller.*

32 CV-Hütte Ingwiller – Forsthaus Seelberg – Thierkirchlein – CV-Hütte Ingwiller

Verkehrsmöglichkeiten Aus Richtung Haguenau auf der D 919 bis Ingwiller; in der Stadtmitte der Wegweisung nach Rothbach folgen, und wo die Route de Rothbach rechts abbiegt, geradeaus in den Chemin d'Offwiller und der Einbahnregelung zum Forsthaus (dort nach links) folgen.
Parkmöglichkeiten Bei der CV-Hütte Ingwiller.
Wegmarkierungen Blauer Strich zum Thierkirchlein; blauer Ring, blau-weiß-blau und blauer Strich zurück.
Weglänge Etwa 8 Kilometer.
Wanderzeit Etwa 2 Stunden.
Höhenunterschiede Insgesamt etwa 175 Meter. überwiegend leichte Anstiege.
Wanderkarte 1:25 000 »3714 ET La Petite Pierre«, ign Paris.
Wissenswertes Das *Thierkirchlein,* heute Ruine, wurde im 13. Jahrhundert in der Nähe eines heidnischen Quellheiligtums von der Abtei Neuweiler errichtet und war Ziel von Wallfahrten, die verschiedentlich noch im 19. Jahrhundert zur Ruine führten. Erhalten sind noch Fundamente und ein Teil des Chors. An einem Säulenfuß ist ein verwitterter Widderkopf zu sehen.

Wegbeschreibung Von der *CV-Hütte (Chalet CV) Ingwiller* (225 m) am Waldrand dem blauen Strich auf dem Pfad parallel zum Sträßchen folgen. Etwa 50 Meter nach dem *Forsthaus Seelberg* (215 m) halblinks hinauf. Unser Weg folgt eine Zeit lang einem *botanischen Lehrpfad.* Nachdem wir den Seelberg umrundet haben, gabelt sich in einem Taleinschnitt die Markierung.

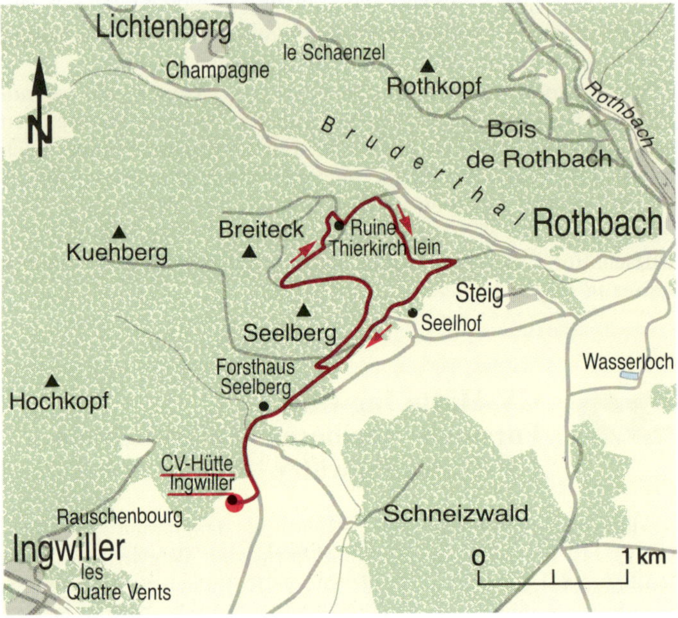

Die Hütte des Club Vosgien Ingwiller

Wir nehmen den unteren Pfad (Hinweis leicht zu übersehen!), kreuzen die Kurve der folgenden Forststraße und sind gleich danach am *Thierkirchlein* (230 m).

Direkt an der Ruine geht der Pfad mit dem blauen Ring hinunter und zu einem wuchtigen, überhängenden Felsen. Wir gehen rechts den Forstweg hinauf bis zur Kurve und dort scharf links in den Pfad. An einer Weggabelung geht es scharf rechts und nach 50 Metern (Achtung!) halblinks einen grasigen Pfad abwärts. Den folgenden Forstweg mit dem Wegzeichen blau-weiß-blau nach rechts und bei der nächsten Abzweigung mit dem blauen Strich über das *Forsthaus Seelberg* auf dem bereits bekannten Weg zurück zur *CV-Hütte Ingweiler.*

33 Geologischer Wanderweg bei Bouxwiller

Verkehrsmöglichkeiten Aus Richtung Haguenau auf der D 919 bis Obermodern und auf der D 24 nach Bouxwiller: in der Stadt der Wegweisung nach Saverne um die Altstadt herum folgen und in der Rue des Mines links zum Parkplatz »Rempart«.
Parkmöglichkeiten Im Chemin des Remparts an der alten Stadtmauer.
Wegmarkierungen Keine Markierung; der Weg ist gut mit Wegweisern »Sentier Géologique« ausgeschildert.
Weglänge Etwa 8 Kilometer.
Wanderzeit Etwa 2 Stunden.
Höhenunterschiede Insgesamt etwa 150 Meter. Leichter bis kräftiger Anstieg vom Ortsrand von Griesbach (215 m) auf den Bastberg (326 m).
Wanderkarte 1:25 000 »3714 ET La Petite Pierre«, ign Paris.
Anmerkung Da der Weg wenig Schatten aufweist, ist er besonders im Frühjahr oder Herbst zu empfehlen.
Wissenswertes *Buchsweiler (Bouxwiller)* steht an der Stelle einer römischen Badeanlage. 1260 gelangt der Ort in den Besitz der Grafen von Lichtenberg und bleibt bis 1789 im Besitz der Nachfolger, den Grafen von Hanau-Lichtenberg (ab 1480) und Hessen-Darmstadt (ab 1736). Ende des 13. Jahrhunderts erteilt Rudolf von Habsburg die Stadtrechte. Die Stadt ist fortan Verwaltungssitz. Das Schloß, nach 1525 und zu Beginn des 18. Jahrhunderts großzügig erneuert, wurde 1793 zerstört. Erhalten sind

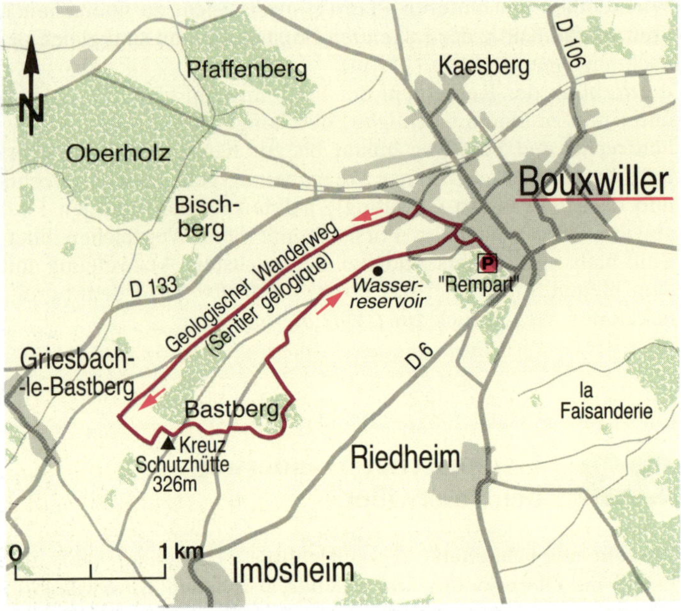

heute noch eine Zahl von Verwaltungsbauten und große Teile der Stadtmauer. Die Altstadt ist geprägt von herrlichen Fachwerkhäusern und schönen Renaissancegebäuden, z. T. mit Erker. Die evangelische Stadtkirche wurde 1612 erbaut; Silbermann-Orgel von 1778. Die katholische Oberkirche stammt von 1779; ihr Turm ist frühgotisch; Orgel von 1668.

Wegbeschreibung Vom Parkplatz an der Stadtmauer die Rue du 22 Novembre hinauf, die Rue des Mines kreuzen, die Rue Schattenmann hinauf, nach der Kirche rechts in die Rue Jardin des Vignes (Rebgärtelwaij). Hier steht die Orientierungstafel zum Geologischen Wanderweg (nur in französisch). Weiter den Plattenpfad rechts hinunter, links ab, nach der Feuerwehr links die Résidence Sundhalt hinauf und rechts durch die Rue du Galgenberg. Gleich nach den letzten Häusern weist die Tafel Nr. 1 auf einen Aufschluß mit oolithischem Kalk hin.

Unser Weg behält vorerst die Richtung bei, wobei man den Blick auf den Steilabfall der Vogesen mit den vielen Dörfern genießen kann. Kurz vor dem Ortsrand von *Griesbach-le-Bastberg* steht links des Weges Trias-Mergel (Tafel Nr. 2) an. Achtung! Etwa 100 Meter danach geht es links durch Viehweiden hinauf. Beim Aufstieg weist die Tafel Nr. 3 auf Jura-Mergel hin. Auf

Bouchswiller (Buchsweiler): Malerische Winkel und viel Fachwerk

dem *Bastberg* (326 m) erwarten uns das große Kreuz, eine Schutzhütte, zwei Orientierungstafeln und bei klarem Wetter eine tolle Aussicht. Kurz zuvor stehen oolitische Kalke an (Tafel Nr. 4).

Auf dem geschotterten Weg zurück und in einer Rechtsschleife über den zweiten Gipfel des Bastberges (321 m) mit dem Bastberg-Konglomerat (Tafel Nr. 5). Am Waldrand auf einem geschotterten Weg nach links und anschließend auf dem asphaltierten Wirtschaftsweg zurück nach *Bouxwiller.* Am Stadtrand steht Tafel Nr. 6: Ehemaliger »Kalk-See«.

34 Sparsbach – Englischberg – Ochsenstall – Meisenbacher Schlössel – Sparsbach

Verkehrsmöglichkeiten Aus Richtung Haguenau auf der D 919 nach Ingwiller und auf der D 113 (Richtung La Petite Pierre) nach Sparsbach.
Parkmöglichkeiten Neben dem Rathaus (Mairie).
Wegmarkierungen Rot-weiß-rot über den Englischberg, blaues Kreuz und roter Strich zum Ochsenstall, rotes Dreieck zum Meisenbacher Schlössel und gelbes Kreuz zurück.
Weglänge Etwa 10 Kilometer.
Wanderzeit Etwa 2½ Stunden.
Höhenunterschiede Insgesamt etwa 190 Meter. Sanfter bis leichter Anstieg, zum Schluß ein wenig steiler zum Englischberg.
Wanderkarte 1:25 000 »3714 ET La Petite Pierre«, ign Paris.
Wissenswertes Über das *Meisenbacher Schlössel (Le Petit Château de Meisenbach)* wird viel gerätselt. Ziegelbrocken und die Verzapfung der Mauersteine (siehe auch Heidenmauer auf dem Odilienberg) weisen die Ursprünge in die gallo-römische Zeit. Später hatten hier die Grafen von Hanau-Lichtenberg ein Jagdhaus. Darüber hinaus findet man Reste einer romanischen Kapelle.

Wegbeschreibung Vom Rathaus in *Sparsbach* (210 m) um die Ecke bei der Kirche (hier finden wir das Wegzeichen rot-weiß-rot) in die Rue Principale, am alten Waschhaus links durch die Rue du Moulin, geradeaus in die Rue du Stade und vor dem Sportplatz rechts in den Wald. Auf einem sandigen, leicht ansteigenden Forstweg gewinnen wir allmählich an Höhe. Erst auf dem letzten Stück (Pfad) geht es ein wenig steiler bergauf. Auf dem Berggrat des *Englischberges* (383 m) gehen wir ohne Markierung nach rechts zum Aussichtsfelsen (Point de Vue).

Auf dem gleichen Weg zurück, mit rot-weiß-rot rechts hinunter in den Sattel und mit dem blauen Kreuz scharf links ab. Etwa 10 Minuten später biegen wir scharf rechts (immer noch blaues Kreuz) und an der folgenden Wegkreuzung mit dem roten Strich wieder links ab. An einer Freifläche steht rechts der *Ochsenstall* (231 m), ein riesiges überhängendes Felsmassiv mit Säulchen und natürlichen Höhlen.

Wir bleiben auf dem abwärts verlaufenden Sandweg, jetzt mit der Markierung rotes Dreieck. Etwa 500 Meter nach dem Fischweiher verlassen wir das idyllische Wiesental nach rechts und kommen nach wenigen Metern zu den geheimnisvollen Ruinen des *Meisenbacher Schlössels* (*Petit Château de Meisenbach,* 215 m). In einer Linksschleife gelangen wir an den Fuß des mächtigen Felsens, der deutliche Spuren menschlicher Bearbeitung trägt. Mit dem gelben Kreuz gehen wir rechts ab und sind nach 50 Metern am *Altarfelsen (Rocher de l'Autel);* auch er wurde von Menschen bearbeitet. Talabwärts gelangen wir wieder nach Sparsbach.

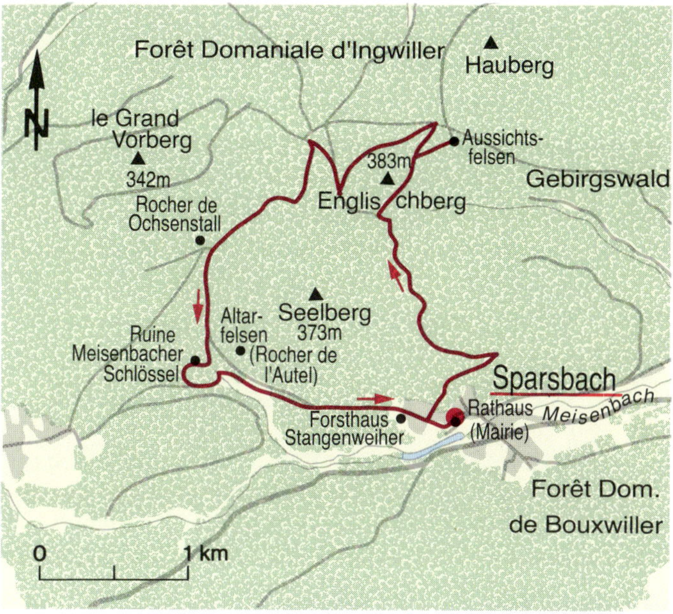

35 Neuwiller-lès-Saverne – Hüneburg (Hunebourg) – Hölzerner Brunnen – Neuwiller-lès-Saverne

Verkehrsmöglichkeiten Auf der Autobahn A 4 bis Ausfahrt Saverne und auf der D 14 nach Neuwiller.
Parkmöglichkeiten Bei den Kirchen.
Wegmarkierungen Blaues Kreuz zur Hüneburg, blaues Andreaskreuz zurück.
Weglänge Etwa 10,5 Kilometer.
Wanderzeit Etwa 2¾ Stunden.
Höhenunterschiede Insgesamt etwa 400 Meter. Leichter Anstieg von der D 134 (240 m) zum Straßendurchbruch (311 m); leichter bis kräftiger Anstieg von der Dicken Eiche (246 m) zur Hüneburg (415 m); überwiegend leichter Anstieg von den Fischteichen (213 m) zur Wegspinne (306 m).
Wanderkarte 1:25 000 »3714 ET La Petite Pierre«, ign Paris.
Wissenswertes Im Jahr 726 wurde durch den Heiligen Pirmin in *Neuweiler* (heute: *Neuwiller-lès-Saverne*) eine Benediktinerabtei gegründet, die dem Bistum Metz unterstand. 826 wurden die Gebeine des Heiligen Adelphus (Bischof von Metz, gestorben 411) hierher gebracht. In den folgenden Jahrhunderten waren sie Ziel blühender Wallfahrten. 1496 wurde das Kloster in ein weltliches Kollegiatsstift umgewandelt, das nach dem 30jährigen Krieg unter dem Schutz der Franzosen nochmals eine Blü-

Die St.-Adelphi-Kirche in Neuwiller-lès-Saverne

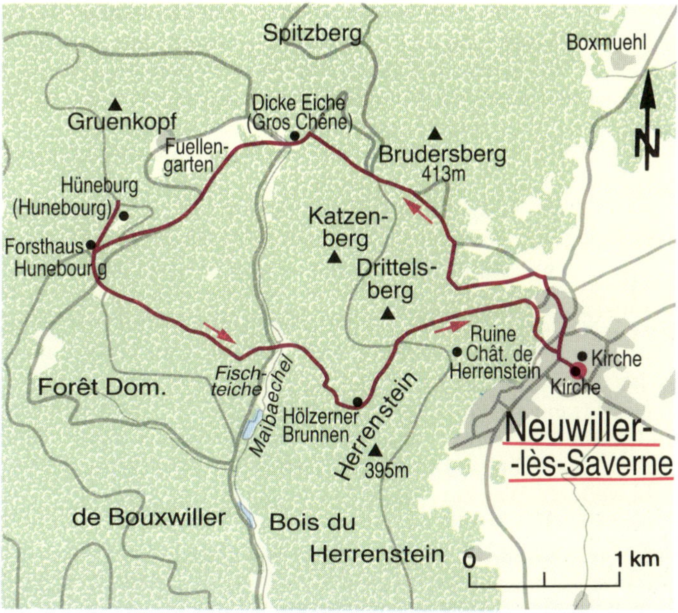

te erlebte. Es wurde 1789 aufgehoben. Der Ort Neuweiler erhielt 1337 Stadtrechte. Die Abteikirche St. Peter und Paul weist drei Bauperioden auf: Der östliche Teil ist ein herrliches Zeugnis salischer Baukunst, 11. Jahrhundert; das dreischiffige Langhaus entstand in der 1. Hälfte des 13. Jahrhunderts; der Westbau mit dem Turm wurde 1768 begonnen. Im Innern befinden sich mehrere gotische Skulpturen; Adelphigrab von 1270. Der Stiftsplatz ist umrahmt von barocken Stiftsgebäuden. Unweit davon steht die Adelphikirche aus dem 12. Jahrhundert; sie ist seit 1562 evangelisch. Neuweiler weist eine große Zahl sehenswerter Gebäude auf. – Die *Hüneburg (Hunebourg),* ursprünglich zwei Burgen, war im 11. und 12. Jahrhundert Sitz der Landgrafen des Unterelsaß. Im 13. Jahrhundert kam sie in den Besitz der Grafen von Lichtenberg. Napoleons Marschall Clarke baute sich mit den Steinen der Burg ein Jagdhaus, das heutige *Forsthaus Hunebourg*. Zwischen 1932 und 1944 ließ F. Spieser die heutige Burg erbauen.

Wegbeschreibung Von den Kirchen in *Neuwiller-lès-Saverne* (210 m) in westlicher Richtung durch die Rue du Général Koenig, nach rechts durch die Rue du 22 Novembre und mit der Markierung blaues Kreuz links die Rue du Herrenstein hinauf.

Achtung! Nach Haus-Nummer 8, direkt vor der Kurve, halbrechts die Wiese hinunter. Der Einstieg ist nicht gut zu sehen. Unten an der Straße D 134 (240 m) links in den Wald. In der Folge ist besonders sorgfältig auf die Markierung zu achten, da sich Pfade, Wege und auch Straße abwechseln. Nach dem Felsdurchbruch der Straße (311 m, links im Felsen interessantes Relief) geht es links einen Pfad hinunter.

Bei der Verzweigung der Forststraßen steht 20 Meter rechts ein großartiger, uralter Baumriese, die *Dicke Eiche* (*Gros Chêne,* 245 m). Ab dem Straßendreieck steigt unser Weg wieder an. Bald sieht man rechts den Weiler Fullengarten. Später, nach etwa 300 Metern auf der Forststraße, geht es halbrechts einen Pfad hinauf, das letzte Stück kurz und steil, und oben nach rechts auf der Straße zur *Hüneburg* (*Hunebourg,* 415 m).

Die Straße wieder hinunter (ab jetzt blaues Andreaskreuz) und etwa 200 Meter unterhalb des *Forsthauses Hunebourg* (377 m) nach links. Der Einstieg ist kaum zu erkennen! Auf dem weiteren Weg hat man noch einmal einen schönen Blick zur Hüneburg. Ein schöner und angenehmer Weg führt in das Tal des Maibächels (213 m) mit seinen Fischteichen. Jetzt steigt der Pfad wieder an. Unterwegs lädt der *Hölzerne Brunnen* (290 m) zum Verweilen ein. Marschall Clarke ließ ihn zusammen mit einem steinernen Tisch und steinernen Bänken anlegen. über dem Brunnen sieht man das Wappen von Straßburg.

An der folgenden Wegspinne mit ihren alten Eichen (306 m) geht es geradeaus den Pfad (nicht den Forstweg!) hinunter. Der

Neuwiller-lès-Saverne, Stiftsplatz

Burg Lützelstein

Besuch der Ruine Herrenstein lohnt sich nicht! Bei den ersten Häusern von *Neuwiller-lès-Saverne* geht es nach rechts nochmals in den Wald und bei den Wasserreservoiren links abwärts. Am Dorfrand windet sich unsere Markierung durch Gäßchen und Stufen in die Dorfmitte.

36 Parc Animalier du (Wildpark) Schwarzbach – La Petite Pierre – Imsthal – Wildpark

Verkehrsmöglichkeiten Aus den Richtungen Haguenau und Sarreguemines auf der D 919 nach Wingen-sur-Moder, auf der D 135 nach La Petite Pierre und auf der D 7 zum Wildpark.
Parkmöglichkeiten Parkplatz beim Restaurant an der Einmündung der Straße D 134 aus Richtung Neuwiller.
Wegmarkierungen Roter Punkt, dann roter Strich nach La Petite Pierre, rot-weiß-rot bis Loosthal.
Weglänge Etwa 7,5 Kilometer.
Wanderzeit Etwa 2 Stunden.
Höhenunterschiede Insgesamt etwa 160 Meter. überwiegend leichter Anstieg vom Imsthal (258 m) zum Loosthal (358 m).
Wanderkarte 1:25 000 »3714 ET La Petite Pierre« vom ign Paris.

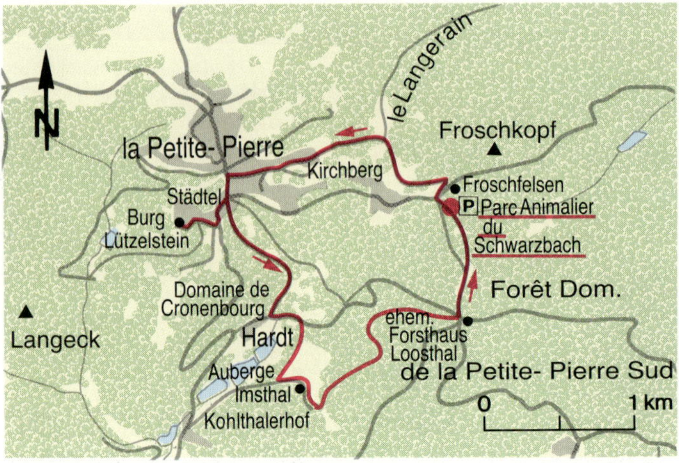

Wissenswertes Die Burg *Lützelstein* war Stammsitz des bedeutenden gleichnamigen Grafengeschlechts, dessen vorletzter männlicher Sproß, Graf Hugo, Bischof von Straßburg war, mit päpstlicher Erlaubnis abdankte und heiratete. Die Burg wurde im 12. Jahrhundert erbaut, kam mit der Grafschaft 1452 an die Kurpfalz, 1553 an Pfalz-Zweibrücken und ab 1566 an die Seitenlinie Pfalz-Veldenz. Nach 1648 folgte der König von Frankreich und nannte fortan (mit Unterbrechungen) die Burg und das Städtchen *La Petite Pierre.* 1675 wurden die Befestigungen durch die Franzosen geschleift, jedoch 1705 auf Befehl Ludwigs XIV. erneut befestigt. Nach 1871 abermals weitgehend geschleift. Sehenswert sind die Burg, die Befestigungen und der kleine Altstadtkern, Städtel genannt. Beleuchteter Tiefbrunnen.

Wegbeschreibung An der Straßeneinmündung beim Parkplatz *Parc Animalier du Schwarzbach (Wildpark)* die Straße kreuzen, neben dem Restaurant mit dem roten Punkt in den Hohlweg und nach links um das Restaurant herum. Gleich zu Beginn kommen wir zum *Rocher de la Grenouille (Froschfelsen).* Auf dem folgenden geschotterten Weg treffen wir auf das Wegzeichen roter Strich, dem wir nach links folgen (immer noch geschottert). Kurz danach betreten wir den Ortsbereich von *La Petite Pierre* (*Lützelstein,* 389/339 m): Am Ende der Rue du Kirchberg links durch die Rue Principale und fast an ihrem Ende rechts hinauf in das *Städtel* mit der Burg. Zurück, scharf rechts in die Rue Principale und nach dem Haus Nummer 2 links den Pfad mit dem Zeichen rot-weiß-rot hinunter in das Kohltal.

Unten in der Annexe *Hardt* angekommen, links weiter, beim Fischteich das Tal überqueren und an der anderen Talseite rechts ab. Nach dem Wiesengelände links die Allee hinauf zur Auberge *Imsthal* (258 m), rechts um sie herum. Bei überwiegend leichtem Anstieg erreichen wir das frühere Forsthaus *Loosthal* (358 m). Der letzte Teil des Weges verläuft unterhalb einer langen, großartigen Felsgruppe. Oben angekommen, auf der Straße 20 Meter nach links, dann halbrechts auf dem Pfad zum nächsten Parkplatz. Dort 300 Meter auf der Straße zurück oder rechts der Straße am Rand des Wildparks entlang.

37 Graufthal – La Petite Pierre – Kohlthalerhof – Graufthal

Verkehrsmöglichkeiten Auf der Autobahn A 4 bis Ausfahrt Saverne, auf der D 14 nach Dossenheim-sur-Zinsel und auf der D 133/D 122 nach Graufthal.
Parkmöglichkeiten Bei den Kirchen.
Wegmarkierungen Rote Raute nach La Petite Pierre, roter Strich zurück.
Weglänge Etwa 16 Kilometer. **Wanderzeit** Etwa 4 Stunden.
Höhenunterschiede Insgesamt etwa 400 Meter. Leichter, zuletzt etwas steilerer Anstieg vom Rehbachtal (214 m) zum Chalet St. Hubert (360 m); leichter bis kräftiger Anstieg vom Fisch-

La Petite Pierre (Lützelstein)

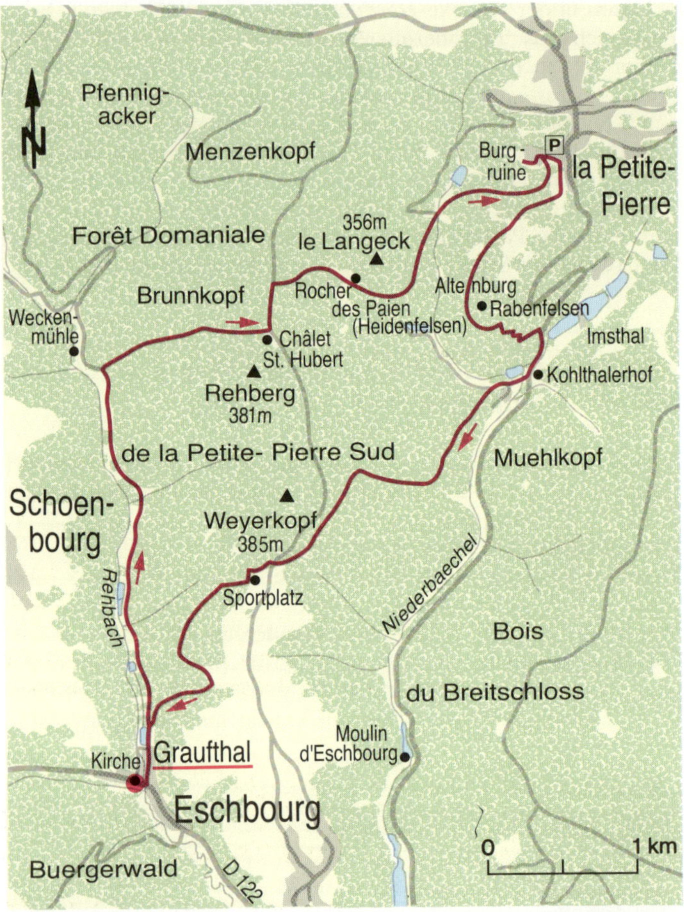

teich nach La Petite Pierre (340 m); überwiegend leichter Anstieg vom Kohltal (221 m) zur Forststraße (360 m).
Wanderkarte 1:25 000 »3714 ET La Petite Pierre«, ign Paris.
Wissenswertes Die in der Mitte des 8. Jahrhunderts in *Graufthal* gegründete Benediktinerinnenabtei St. Gangolf wurde 1551 aufgehoben. Mit ihren Steinen hat man 1619 die evangelische Kirche gebaut. Vom Kloster selbst sind noch einige Mauerreste zu sehen. Interessant sind die Felsenwohnungen, die in das hinter dem Dorf aufragende Felsmassiv eingebaut sind. Die letzten waren bis etwa 1960 bewohnt. Heute sind sie als Museum eingerichtet; sonn- und feiertags geöffnet.

Wegbeschreibung In *Graufthal* (202 m) von der Kirche auf den Felsen mit der Madonna zu, nach links durch die Rue du Vieux Moulin. Wir bleiben mit der Markierung rote Raute fast drei Kilometer auf dem Sträßchen im Tal des Rehbachs mit seinen zahlreichen Fischteichen. In der Nähe der Weckenmühle verlassen wir das Tal halbrechts auf einem ansteigenden breiten Weg, der bald in einen grasigen Pfad übergeht. Kurz vor dem *Chalet St. Hubert* (360 m) steigt er kräftig an.

Auf der Straße 10 Meter nach links, dann rechts in einen Pfad. Am Langeck (360 m) geht es rechts hinunter. Gleich darauf kommen wir unter dem riesigen, überhängenden *Rocher des Païen (Heidenfelsen)* durch. Bald überqueren wir ein Tal und wandern beim früheren Transformatorenhaus links hinauf. Nach einem Hohlweg können wir bereits den Blick auf das *Städtel* genießen. In *La Petite Pierre* (*Lützelstein,* 340 m) nach links durch die Rue du Château an der profanierten Kapelle St. Louis (heute Museum) und der Schloßkirche vorbei zur Burg.

Durch die Rue des Remparts zurück und nach dem Kinderspielplatz rechts durch den Hohlweg in der Festungsmauer mit dem Zeichen roter Strich hinauf. Der Weg verläuft um die *Altenburg.* Von hier oben hat man den schönsten »Fotografierblick« auf den Ort. Wo unser Forstweg in einen Pfad übergeht, gelangen wir zum beeindruckenden *Rabenfelsen (Rocher du Corbeau).* Ein steiler Zickzackpfad leitet uns in das Kohltal, wo wir bis zum *Kohlthalerhof* etwa 300 Meter auf der Straße nach

Felsenhäuser in Graufthal

rechts gehen. Nach dem Fischweiher rechts und gleich darauf links den Pfad hinauf. Sanft bis leicht ansteigend erreichen wir durch schattige Wälder die Forststraße, die wir kreuzen. Am Sportplatz von Eschbourg (336 m) lädt ein schöner Rast-, Spiel- und Grillplatz zum Verweilen ein. Dann bringt uns ein Pfad in etwa 20 Minuten in das Rehbachtal und kurz danach sind wir wieder in *Graufthal.*

38 Oberhof – Gutenbrunnen (Bonne Fontaine) – Oberhof

Verkehrsmöglichkeiten Aus Richtung Saverne auf der N 4 bis Phalsbourg, dann auf der D 133 nach Oberhof; aus Richtung Bouxwiller auf der D 133 über Dossenheim.
Parkmöglichkeiten Einige Parkplätze südlich vom Restaurant.
Wegmarkierungen Gelber Strich zum Gutenbrunnen; blaues Kreuz und roter Strich zurück.
Weglänge Etwa 9 Kilometer.
Wanderzeit Etwa 2¼ Stunden.
Höhenunterschiede Insgesamt etwa 150 Meter.

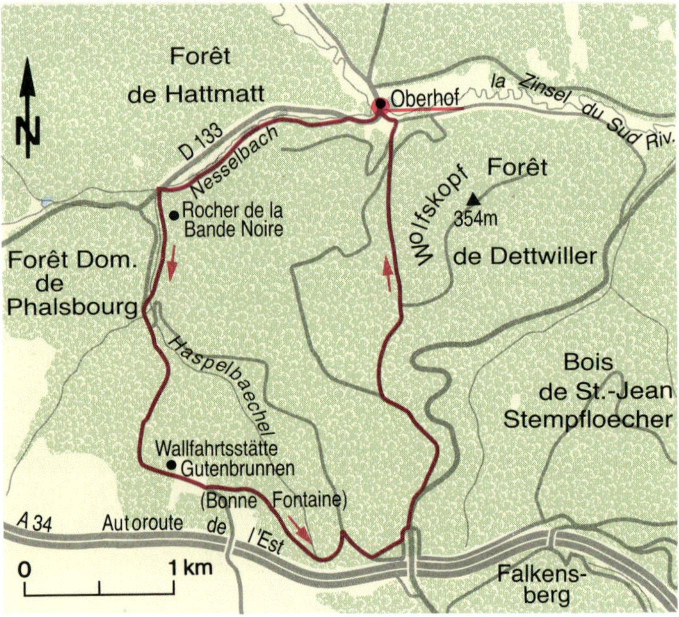

Wanderkarten 1:25 000 »3714 ET La Petite Pierre Niederbronn-les-Bains« und »3715 OT Saverne Sarrebourg Rocher de Dabo« vom ign Paris.

Wissenswertes Der *Oberhof* war früher ein Gutshof der Abtei Neuweiler bei Zabern. – Bis zum 2. Weltkrieg hielten Zigeuner ihre Versammlungen am *Rocher de la Bande Noir* (Felsen der Schwarzen Bande) ab. Hier findet man noch geheimnisvolle Schriftzeichen und Zeichnungen. In früheren Jahrhunderten soll der Felsen Schmugglerbanden Unterschlupf geboten haben. – Die Wallfahrtsstätte *Bonne Fontaine (Gutenbrunnen)* geht auf das 18. Jahrhundert zurück. 1714 entdeckten Soldaten aus Pfalzburg an einer alten Eiche bei der Quelle eine Marienstatue. Sie befindet sich in der kurz danach errichteten Kapelle.

Wegbeschreibung Von *Oberhof* (195 m) gehen wir mit dem gelben Strich etwa 200 Meter an der Straße in Richtung Phalsbourg entlang und dann halblinks in einen Waldweg. Etwa 20 Meter, bevor der Weg wieder an der Straße endet, geht es links auf einem Pfad im Haspelbachtal aufwärts. Gleich darauf sind wir an dem riesigen Felsmassiv *Rocher de la Bande Noir* (220 m), das sich mit seinen Höhlen mehrere hundert Meter im Tal hinzieht. Bei einer Schutzhütte geht es links die Forststraße hinauf und nach 100 Metern geradeaus in einen Pfad.

Oben auf der Höhe angelangt, kommen wir zur Wallfahrtsstätte *Gutenbrunnen* (*Bonne Fontaine,* 303 m, Einkehrmöglichkeit) mit der Kapelle und dem namengebenden Brunnen. Wir

Die Hütte des Club Vosgien St.-Jean-Saverne

wandern (ohne Markierung) durch die Anlage und an ihrem Ende, gegenüber vom Hotel, mit dem blauen Kreuz in östlicher Richtung weiter. Bei der Autobahn nach links, nach weiteren 300 Metern auf einem geschotterten Forstweg rechts ab. Bald danach geht es auf der Straße mit dem roten Strich links hinunter und nach 200 Metern links in eine Forststraße. Wo sie wieder ansteigt, halbrechts auf einem geschotterten Weg weiter und später auf einem Pfad abwärts nach *Oberhof*.

39 St. Jean-Saverne – Michelsberg (Mont St. Michel) – Daubenschlag – St. Jean-Saverne

Verkehrsmöglichkeiten Von der Stadtmitte Saverne auf der D 115 nach St. Jean-Saverne und im Ort den Wegweisern »Mont St. Michel« folgen.
Parkmöglichkeiten An der Straße zum Mont St. Michel.
Wegmarkierungen Blauer Strich vom Michelsberg zum Daubenschlag; gelber Ring abwärts; später rotes Andreaskreuz zurück.
Weglänge Etwa 11 Kilometer.
Wanderzeit Etwa 2¾ Stunden.
Höhenunterschiede Insgesamt etwa 170 Meter. Kurzer steiler Anstieg von St. Jean-Saverne (280 m) auf den Michelsberg (374 m).
Wanderkarte 1:25 000 »3715 OT Saverne Sarrebourg Rocher de Dabo« vom ign Paris.
Wissenswertes Im Jahr 1126 stiftet Peter von Lützelburg im Dorf Meyenheimsweiler die Benediktinerinnenabtei *St. Johann* (heute: *St. Jean-Saverne*). 1439, 1525 und 1622 wurde sie verwüstet, anschließend wieder aufgebaut und 1789 aufgehoben. Bis auf die Kirche und das Pfarrhaus brannten 1889 die Gebäude ab. Die Kirche wurde um 1145 vollendet; reiche Ausstattung des 14. bis 18. Jahrhunderts. – Die Wallfahrtsstätte *Michelsberg (Mont St. Michel)* wurde bereits 1126 bei der Gründung der Abtei St. Johann erwähnt und hieß damals »Hertenstein«. Mehrfach zerstört, wurde die Kapelle 1848 wiederhergestellt. Im Felsen unter der Kapelle war eine Einsiedlerklause eingebaut. An gleicher Stelle befand sich bereits ein römisches und später ein germanisches Heiligtum. Die auf dem Felsen ausgemeißelte kreisrunde Vertiefung von fast 5 Metern Durchmesser, Hexentanzplatz genannt, gibt Rätsel auf. – Auf dem *Daubenschlag(fel-*

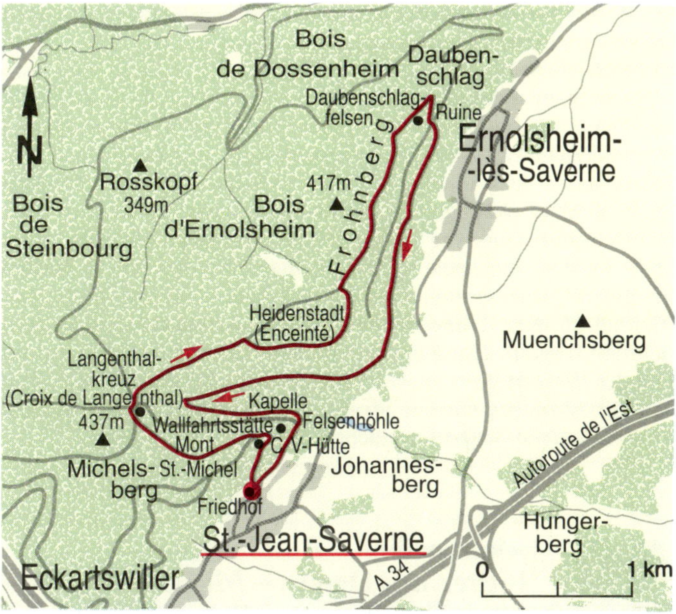

sen) befand sich die ausgedehnte Burg *Warthenberg,* deren umfangreiche Reste seit 1979 freigelegt werden. Sie wurde 1158 erstmals erwähnt, ist jedoch bedeutend älter. Über ihre Geschichte ist wenig bekannt. Vermutlich gehörte sie den Grafen von Dagsburg.

Wegbeschreibung Wir starten am Friedhof in *St. Jean-Saverne* (280 m) an der Straße zum Mont St. Michel. Rechts an der Friedhofsmauer (Wegweiser!) steigen wir ohne Markierung den Treppenweg hinauf und sind 15 Minuten später auf dem *Mont St. Michel* (*Michelsberg,* 374 m) mit der Felsenhöhle (Grotte), der Kapelle, dem Hexentanzplatz, einer Orientierungstafel (herrliche Aussicht!) und der *Hütte des Club Vosgien St. Jean-Saverne,* die sonn- und feiertags bewirtschaftet ist.

An der Hütte finden wir den blauen Strich (»Daubenschlag«), dem wir in westlicher Richtung folgen. Auf einem schönen, schattigen Weg wandern wir zum 1611 errichteten *Langenthalkreuz* (*Croix de Langenthal,* 405 m). An der riesigen Wegspinne geht es nach rechts weiter. Etwa eine Viertelstunde danach verläßt an der *Heidenstadt* (*Enceinté,* 405 m, ein stark verschliffener Ringwall kennzeichnet eine keltische Siedlung) unsere Markierung den breiten Forstweg nach rechts und kehrt nach dem

Spitzfelsen wieder auf ihn zurück. Bald weist eine Tafel nach links zum »*Opferteller* 100 m«, einer Felsplatte mit schüsselartigen Vertiefungen.

Nach einer Senke steigen wir kurz an zum *Daubenschlag* (405 m) mit der ausgedehnten Ruine der Burg *Warthenberg* und einer Schutzhütte. Beim Rundbogen steigen wir den Felsen hinunter, gehen nach rechts und etwa 50 Meter unterhalb des Felsens mit dem Wegzeichen gelber Ring scharf rechts abwärts. Dem zweiten Querweg (gelber Ring biegt links ab) folgen wir ohne Markierung nach rechts. Wenige Minuten später treffen wir auf die Markierung rotes Andreaskreuz, der wir in gleicher Richtung folgen. Ohne nennenswerte Höhenunterschiede zieht sich der Weg am Hang entlang in den Taleinschnitt, wo wir am Fuß des Wasserfallfelsens auf einer Brücke das Tal kreuzen. Talauswärts wandern wir zur Straße, auf der wir nach 200 Metern wieder *St. Jean-Saverne* erreichen.

40 Eckartswiller – Rothlach – Rocher des Dames – Michelsberg (Mont St. Michel) – Eckartswiller

Verkehrsmöglichkeiten Von der Stadtmitte Saverne auf der D 115 in Richtung Eckartswiller; im Tal (vor der Autobahn) befindet sich der Rastplatz Vallée de Champagne.
Parkmöglichkeiten Einige Parkplätze am Rastplatz Vallée de Champagne oder in der Rue Principale in Eckartswiller.
Wegmarkierungen Blaues Dreieck zur Rothlach, roter Ring zum Michelsberg, blauer Strich zurück.
Weglänge Etwa 10,5 Kilometer.
Wanderzeit Etwa 2¾ Stunden.
Höhenunterschiede Insgesamt etwa 200 Meter. Anfangs sanfter, dann leichter, zum Schluß kräftiger Anstieg vom Rastplatz (215 m) zur Rothlach (376 m).
Wanderkarte 1:25 000 »3715 OT Saverne Sarrebourg Rocher de Dabo« vom ign Paris.
Anmerkung Auf dem Weg vom Rastplatz zur Rothlach durchquert man die Vogesen an ihrer schmalsten Stelle.
Wissenswertes *Michelsberg (Mont St. Michel)* siehe Tour 39.

Wegbeschreibung Ausgangspunkt ist der Rastplatz *Vallée de Champagne* (215 m) im Tal südlich von *Eckartswiller* unterhalb der Autobahn. Wir wandern mit dem blauen Dreieck in westli-

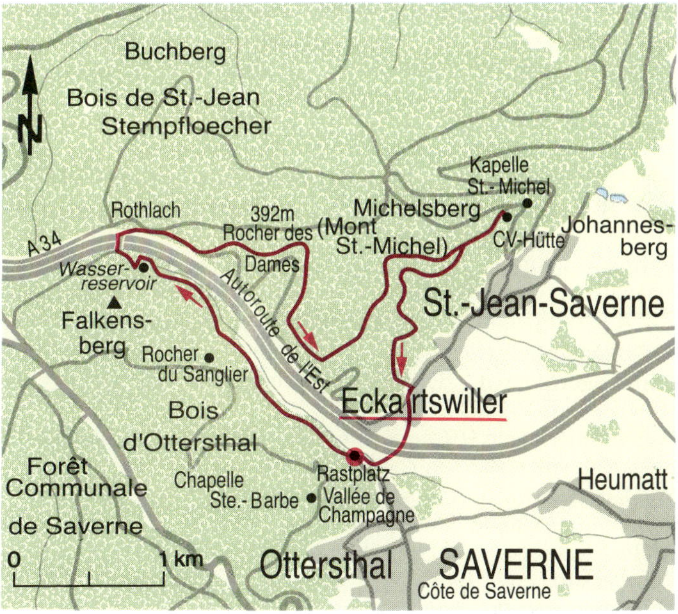

che Richtung, anfangs sanft, später leicht und auf den letzen Metern kräftig ansteigend. Bedingt durch mehrere Kahlschläge ist auf diesem Weg längere Zeit kein Schatten zu erwarten. Oben geht es über die Autobahn zur Stelle, die *Rothlach* (376 m) heißt und gleich danach auf der Forststraße mit dem roten Ring rechts (nicht geradeaus!) herum.

Bald verlassen wir die Straße geradeaus auf einem breiten Forstweg. Er verläuft ohne große Höhenunterschiede bis zum Michelsberg. Nach einigen Minuten geht es rechts zum Aussichtsfelsen *Rocher des Dames* (392 m) über der Autobahn. Auf dem weiteren Weg sind noch weitere Aussichtspunkte (Point de Vue) ausgewiesen. Nach längerer Wanderung sind wir auf dem *Mont St. Michel* (*Michelsberg,* 374 m) mit der Felsenhöhle (Grotte), der Kapelle, dem Hexentanzplatz, einer Orientierungstafel (herrliche Aussicht!) und der *Hütte des Club Vosgien St. Jean-Saverne* (sonn- und feiertags bewirtschaftet).

Von der Hütte aus gehen wir ein Stück des Weges zurück, auf dem wir gekommen sind. Nach wenigen Minuten verlassen wir den Forstweg halblinks mit der Markierung blauer Strich. Dieser Weg verläuft in Schleifen abwärts (teils durch Hohlwege) nach *Eckartswiller:* Am Ende des Impasse des Chataigniers nach rechts durch die Rue Principale, dann halblinks die Route de Saverne hinunter und unter der Autobahn durch zum Rastplatz im Champagnertal.

41 Saverne – St.-Barbara-Kapelle – Forsthaus Kaltwiller – Karlssprung – Saverne

Verkehrsmöglichkeiten Saverne ist Bahnstation an der Strecke Straßburg – Paris. Mit dem Auto auf der A 4 nach Saverne, in der Stadtmitte auf der N 4 in Richtung Phalsbourg bis zum Krankenhaus.
Parkmöglichkeiten Beim Krankenhaus an der Côte de Saverne (N 4).
Wegmarkierungen Rote Raute, dann gelbes Kreuz zum Forsthaus Kaltwiller und roter Strich zurück.
Weglänge Etwa 10 Kilometer. **Wanderzeit** Etwa 2½ Stunden.
Höhenunterschiede Insgesamt etwa 250 Meter. Überwiegend leichte Anstiege.
Wanderkarte 1:25 000 »3715 OT Saverne Sarrebourg Rocher de Dabo« vom ign Paris.
Wissenswertes *Zabern* (heute *Saverne*) geht auf den römischen Ort Tres Tabernae (drei Gasthäuser) zurück, der am wichtigen Übergang über die Vogesen lag. Im 13. Jahrhundert ging die

Saverne (Zabern), Frontseite des Palais Rohan

Stadt in den Besitz der Bischöfe von Straßburg über, die später zeitweilig und nach der Reformation ständig hier residierten; zuerst im Alten Schloß und ab 1569 im Neuen Schloß, das nördlich davon erbaut wurde. Nach dem Brand von 1779 ließ Kardinal de Rohan das heute noch bestehende prächtige Rokoko-Schloß errichten. Die Stadt weist eine große Zahl schöner Renaissancebauten auf. Zu den Sehenswürdigkeiten zählen u. a. die Pfarrkirche St. Maria, die Teile vom 12. Jahrhundert bis 1501 enthält, die Michaelskapelle von 1504 und die Franziskanerkirche von 1303. Eine Attraktion ist auch der Rhein-Marne-Kanal (gebaut von 1838 bis 1853), der mitten durch die Stadt verläuft. – Die *St. Barbara-Kapelle (Chapelle Ste. Barbe)* wird erstmals 1565 erwähnt. Damals bestand dabei eine Einsiedelei. Unweit davon entspringt das Barwere-Brünnel. – Am *Pandurengraben* gingen im Juli 1744 die österreichischen Panduren unter Oberst Trenck in Stellung, um den Franzosen den Durchmarsch zu verwehren. – Der *Karlssprung (Saut du Prince Charles)* soll seinen Namen von einem lothringischen Prinzen haben, der mit seinem Pferd hier heruntergesprungen sein soll, ohne sich zu verletzen. Verschiedene Inschriften erinnern daran, daß die hier seit der Römerzeit vorüberführende Straße 1524 und 1616 durch die Bischöfe von Straßburg ausgebaut wurde.

Das Katzsche Haus in der Grand'Rue von Saverne (Zabern)

Wegebeschreibung Als Ausgangspunkt wählen wir das Krankenhaus an der Côte de Saverne (N 4, 220 m). Wir gehen mit dem Wegzeichen rote Raute die Straße hinauf, am Ortsende rechts in die Rue Stieve und nach den letzten Häusern links einen Pfad hinauf. Einige Zeit bleiben wir in der Nähe der Nationalstraße, die sich durch den Geräuschpegel bemerkbar macht. Achtung! Später geht es rechts in einen Taleinschnitt, um den unser Pfad ohne größere Höhenunterschiede bis zur *Chapelle Ste. Barbe* (*St. Barbara-Kapelle,* 330 m) verläuft: Herrliche Aussicht über die Rheinebene zum Schwarzwald!

Die Villa About, ein Schmuckstück von Saverne (Zabern)

Während der Lärm der Autobahn heraufdringt, wandern wir auf einem Pfad in wenigen Minuten zum *Gustav-Orth-Felsen* (370 m). Er wurde nach dem Mitbegründer des Vogesenclubs benannt, der das Markierungsnetz der Vogesen schuf. Auch auf dem folgenden Weg ist eine großartige Aussicht geboten. Nach einer weiteren halben Stunde mit Abstieg und Wiederanstieg gelangen wir zum *Rocher du Sanglier* (*Eberfelsen,* 350 m). Auch er besticht durch die gebotene Aussicht. Etwa 15 Minuten danach gehen wir an einer schrägen Wegkreuzung mit der der Markierung gelbes Kreuz links einen geschotterten Weg hinauf. Nach dem Kreuzen der Nationalstraße (Vorsicht!) sind wir am *Forsthaus Kaltwiller* (394 m).

20 Meter danach wandern wir, jetzt mit dem Wegzeichen roter Strich, links weiter. Ohne größere Höhenunterschiede ver-

läuft unser Weg zum *Fossé des Pandours* (*Pandurengraben,* 402 m), einer deutlich sichtbaren Wallanlage. Gleich darauf kreuzen wir die Wegspinne *Usspann* (413 m), den Scheitelpunkt der alten Paßstraße. Allmählich verläuft unser Pfad bergab. Ein wenig später sind wir an der riesigen Felsgruppe *Karlssprung (Saut du Prince Charles)* mit alten Inschriften und Wappen und einer Grotte, zu der Treppen hinaufführen. Davor sieht man die tief eingegrabenen Geleise der Wagen. Danach windet sich unser Pfad in Schleifen steil hinunter in das Schlettenbachtal. Rechts des Weges befindet sich die gepflegte Parkanlage der Villa About. Durch das große Tor und durch das ausgedehnte Areal des Krankenhauses gehen wir zurück zum Parkplatz.

42 Saverne (Etang de Ramsthal) – Greifenstein – Grotte St. Vit – Schweizerhof – Saverne

Verkehrsmöglichkeiten Saverne ist Bahnstation an der Strecke Straßburg – Paris. Mit dem Auto auf der A 4 nach Saverne, in der Stadtmitte auf der D 132 in Richtung Lutzelbourg und 500 Meter nach dem Stadtende rechts über den Bahnübergang zum Parkplatz.
Parkmöglichkeiten Am Etang de Ramsthal.
Wegmarkierungen Gelbes Andreaskreuz, dann blauer Strich zur Grotte St. Vit, blauer Punkt zum Schweizerhof, gelbes und dann rotes Dreieck zurück.
Weglänge Etwa 9 Kilometer. **Wanderzeit** Etwa 2¼ Stunden.
Höhenunterschiede Insgesamt etwa 240 m. überwiegend leichter Anstieg vom Ramsthal (200 m) zum Greifenstein (370 m).
Wanderkarte 1:25 000 »3715 OT Saverne Sarrebourg Rocher de Dabo« vom ign Paris.
Wissenswertes Die im 12. Jahrhundert vermutlich von den Herren von Ochsenstein erbaute Burg *Greifenstein* bestand ursprünglich aus zwei getrennten Burgen und kam 1316 an die Bischöfe von Straßburg. Im 15. Jahrhundert ist sie im Besitz mehrerer Herren. Im 30jährigen Krieg zerstört, diente sie ab 1670 als Steinbruch zum Bau des Schlosses in Zabern. – Die Kapelle über der *Veitshöhle (Grotte St. Vit),* 1338 erstmals erwähnt, wurde an der Stelle eines vorchristlichen Heiligtums errichtet. 1518 war sie das Ziel unzähliger Wallfahrer mit der Bitte um Befreiung vom Veitstanz. 1581 erneuert, 1792 in einen Bauernhof umgewandelt, ist sie 1866 abgebrannt und heute Ruine. Die riesige Höhle »Hohler Stein« ist heute als Andachtsraum hergerichtet.

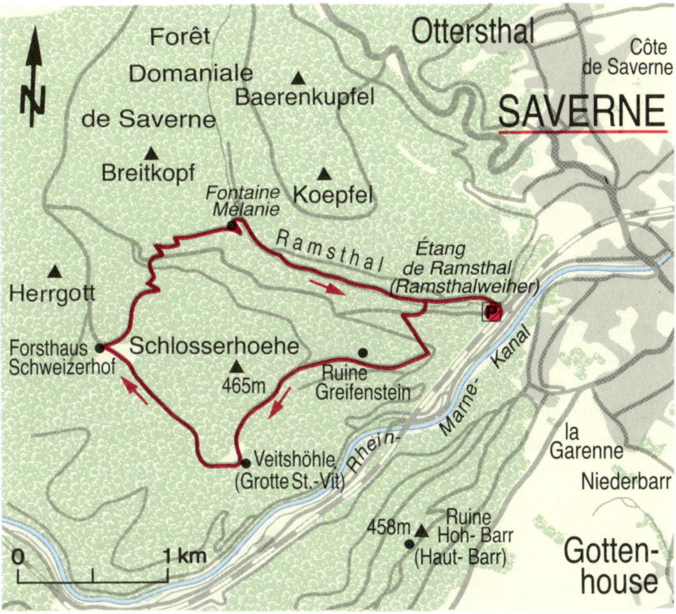

Wegbeschreibung Ausgangspunkt Parkplatz am *Ramstalweiher* (*Etang de Ramsthal,* 200 m). Mit dem gelben Andreaskreuz am Weiher entlang und nach dem zweiten Weiher links ab. Wo diese Markierung weiter oben rechts abbiegt, gehen wir geradeaus mit dem blauen Strich weiter und stehen bald vor den Mauern der Ruine *Greifenstein* (370 m). Wir wandern in westlicher Richtung weiter. Nach kurzem Anstieg geht es eben zur *Grotte St. Vit* (*Veitshöhle,* 390 m). Durch einen schön angelegten Felsengarten steigt man hinunter zur ausgedehnten Höhle mit dem Altarraum. Oben bei der Ruine kann man hinüber auf Hoh-Barr, Groß-Geroldseck und zum Brotschturm schauen.

Wo der blaue Strich links abbiegt, bleiben wir auf dem Forstweg mit dem Wegzeichen blauer Punkt und kommen zum Grill- und Waldspielplatz beim *Forsthaus Schweizerhof* (438 m). Etwa 20 Meter nach dem Forsthaus wandern wir mit dem gelben Dreieck rechts weiter. Unser Weg windet sich abwärts zur *Fontaine Mélanie* (*Melanie-Brunnen,* 245 m) und mit dem roten Dreieck nach rechts am Bach entlang kehren wir zum *Ramsthalweiher* zurück.

43 Saverne – Hoh-Barr – Groß- und Klein-Geroldseck – Brotschturm – Saverne

Verkehrsmöglichkeiten Saverne ist Bahnstation an der Strecke Straßburg – Paris. Mit dem Auto auf der A 4 nach Saverne, in der Stadtmitte der Wegweisung »Château du Hoh-Barr« folgen zum Waldrand.
Parkmöglichkeiten Am Waldrand beim Maison Familiale.
Wegmarkierungen Roter Strich (mit Unterbrechungen) zum Brotschturm und zurück zum Hexentisch; roter Punkt zurück.
Weglänge Etwa 10 Kilometer.
Wanderzeit Etwa 2½ Stunden.

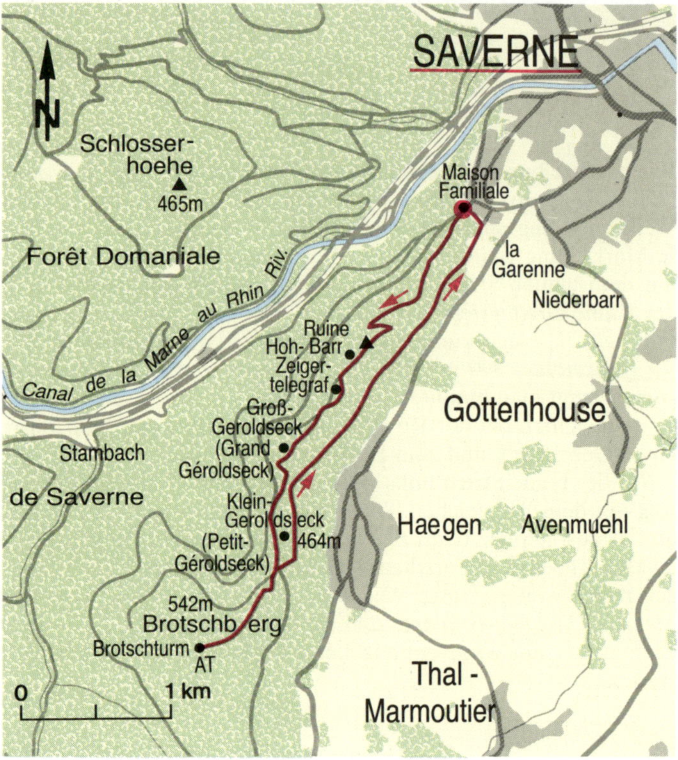

Burgruine Hoh-Barr

Höhenunterschiede Insgesamt etwa 400 Meter. überwiegend leichter Anstieg von Saverne (280 m) zur Hoh-Barr (458 m); zwei kurze Steilanstiege zu Groß- und Klein-Geroldseck; kräftiger Anstieg vom Hexentisch (423 m) zum Brotschturm (542 m).
Wanderkarte 1:25 000 »3715 OT Saverne Sarrebourg Rocher de Dabo« vom ign Paris.
Wissenswertes Die Burg *Hoh-Barr (Haut-Barr),* das »Auge des Elsaß«, ist die großartigste Burganlage des Nordelsaß. Eine Tafel an der Burgkapelle informiert ausführlich über die Geschichte der Burg. Sie bestand schon im 11. Jahrhundert als Burg der Bischöfe von Straßburg. 1170 erwirbt der Bischof von Rottweil den Südfelsen und erweitert die Burg. Zugleich wird die Burgkapelle erneuert. Zwischen 1583 und 1590 Vergrößerung der Burg. 1650 wird sie geschleift. Sie war ursprünglich vierteilig. Eine Plakette am Burgfelsen erinnert an Richard Stieve, der 1872 in Zabern den Vogesenclub gegründet hat. – Etwa 100 Meter südlich der Burg wurde 1968 durch die Freunde der elsässischen Postgeschichte ein napoleonischer *Zeigertelegraf* wieder hergerichtet, der ein Teil der Telegrafenstrecke Paris –

Straßburg war. – Zu Beginn des 12. Jahrhunderts wurde von der Abtei Maursmünster die Burg *Groß-Geroldseck* zum Schutz der »Mark Maursmünster« erbaut. Die Schutzvögte des Klosters, die Herren von Geroldseck, erlaubten sich öfters Übergriffe auf den Klosterbesitz; sie starben 1387 aus. Die 1486 zerstörte Burg war danach Ganerbenburg. – *Klein-Geroldseck* wurde 1381 durch den Bischof von Metz erbaut. Die Burg ist ebenfalls seit 1486 Ruine.

Mitten durch Lützelburg (Lutzelbourg) verläuft der Rhein-Marne-Kanal

Wegbeschreibung Wir beginnen unsere Wanderung am Waldrand bei *Saverne* (*Zabern,* 280 m) beim Maison Familiale links der Straße am Bildstöckel und folgen dem roten Strich allmählich ansteigend in südlicher Richtung. Nach einer Linksrechts-Schleife stehen wir vor den großartigen Ruinen der Burg *Hoh-Barr* (*Haut-Barr,* 458 m, Einkehrmöglichkeit). Nach ausgiebiger Erkundung der Burg geht es über den Parkplatz weiter, an seinem Ende halblinks zum napoleonischen *Zeigertelegrafen.*

Wenige Minuten danach erfolgt ein kurzer Anstieg mit dem roten Andreaskreuz zur Ruine *Groß-Geroldseck* (*Grand-Géroldseck,* 473 m). Der mächtige Bergfried kann leider nicht bestiegen werden. Kurz danach sind wir im Sattel *Col des Geroldseck* (431 m) und sofort folgt ein weiterer Anstieg zu den wenigen Ruinen der Burg *Klein-Geroldseck* (*Petit-Géroldseck,* 464 m). Ein kurzer Abstieg bringt uns zum Waldparkplatz *Hexentisch* (423 m), wo wir die Straße kreuzen. Mal kräftig, mal leicht an-

Burgruine Hoh-Barr

steigend erreichen wir – jetzt wieder mit dem roten Strich – den 1897 vom Vogesenclub Zabern erbauten Aussichtsturm auf dem *Brotschberg* (542 m) mit der Schutzhütte.

Auf dem gleichen Weg steigen wir wieder ab zum *Hexentisch,* wo wir nochmals die Straße kreuzen und mit der Markierung roter Punkt allmählich am Berghang entlang abwärts nach *Saverne* wandern. Am Ende der langen Mauer der Anlage La Garenne (260 m) geht es links mit dem grünen Ring zurück zum Ausgangspunkt.

44 Lutzelbourg – Garrebourg – Hultehouse – Ruine und Dorf Lutzelbourg

Verkehrsmöglichkeiten Lutzelbourg ist Bahnstation an der Strecke Straßburg – Paris. Mit dem Auto: Aus Richtung Saverne auf der D 38; aus Richtung Sarreguemines auf der N 61 nach Phalsbourg und auf der D 38 nach Lutzelbourg.
Parkmöglichkeiten Beim Bahnhof.
Wegmarkierungen Gelb-weiß-gelb bis Garrebourg; dann verschiedene Markierungen zurück.
Weglänge Etwa 12 Kilometer.
Wanderzeit Etwa 3 Stunden.
Höhenunterschiede Insgesamt etwa 280 Meter. Vom Wasserreservoir (257 m) nach Garrebourg (420 m) leichter bis kräftiger Anstieg.
Wanderkarte 1:25 000 »3715 OT Saverne Sarrebourg Rocher de Dabo« vom ign Paris.
Wissenswertes Die *Lützelburg* wurde im 12. Jahrhundert durch Graf Peter und seinen Sohn Reginald von Lützelburg erbaut. Sie stammten von den bedeutenden Geschlechtern der Grafen von Egisheim und der Grafen von Montbélliard-Bar ab. 1150 fiel die Burg als Lehen an das Bistum Metz. Im 14./15. Jahrhundert war sie Ganerbenburg, wurde 1568 an Pfalz-Veldenz und 1584 an die Herzöge von Lothringen verkauft.

Wegbeschreibung Vom Bahnhof *Lutzelbourg (Lützelburg)* die Straße hinunter und gleich rechts die Straße in Richtung Hultehouse hinauf, wo wir das Wegzeichen gelb-weiß-gelb finden. Bald nach der großen Kurve verlassen wir die Straße halbrechts auf einem schattigen Pfad. Er leitet uns in das *Grundthal.* Gleich nach der *Moulin de Garrebourg* (*Kleinmühle,* 225 m) wandern wir auf dem geschotterten Weg nach links am Bach entlang.

Beim Wasserreservoir (257 m) verlassen wir den breiten Weg auf einem links aufwärts verlaufenden schmalen Pfad. Bei kräftigem bis leichtem Anstieg gelangen wir zu den letzten Häusern von *Garrebourg* (420 m).

Mit der Markierung rotes Kreuz wandern wir scharf links weiter und am *Forsthaus Kreuzkopf* vorbei. Ohne größere Höhenunterschiede umrunden wir auf dem Forstweg den Taleinschnitt. Später verlassen wir ihn halbrechts auf einem sandigen Weg. Achtung! Bei der ersten Abzweigung geht es gerade in den grasigen Weg. An einer Wegspinne wandern wir mit dem blauen Ring nach links weiter über den *Diebsberg* (474 m). Auf einer

Freifläche im Wald nach rechts und später mit dem gelben Dreieck nach links weiter. Gleich darauf kommen wir zur herrlich gelegenen *Hütte (Refuge)* des *Club Vosgien Phalsbourg-Lutzelbourg* (453 m, sonntags bewirtschaftet).

In dem blumengeschmückten Dorf *Hultehouse (Hültenhausen)* mit rot-weiß-rot die Rue de la Côte hinunter, an der Kirche vorbei und am Ortsende mit dem blauen Ring rechts ab. Bald verlassen wir das Sträßchen halblinks auf einem schattigen Pfad. Nach einer Wegkreuzung und einer niedrigen Mauer stehen wir vor den ausgedehnten Ruinen der *Lützelburg* (313 m). Nach Verlassen der Burg gehen wir rechts den Pfad hinunter in das Dorf *Lutzelbourg.*

45 Rund um das Schiffshebewerk und den Rhein-Marne-Kanal

Verkehrsmöglichkeiten Mit dem Auto: Aus Richtung Saverne auf der D 38 nach Lutzelbourg; aus Richtung Sarreguemines auf der N 61 nach Phalsbourg und auf der D 38 nach Lutzelbourg. Dann auf der D 98 zum Restaurant Mayakaefer im Weiler Sparsbrod.
Parkmöglichkeiten Parkplatz P 4 beim Schiffshebewerk bei St. Louis/Arzviller.

Schiffshebewerk bei St. Louis/Arzviller

Wegmarkierungen Gelber Strich zum Alten Kanal; gelb-weiß-gelb zum Weiler Hofmuehle; blauer Punkt zurück.
Weglänge Etwa 8 Kilometer.
Wanderzeit Etwa 2 Stunden.
Höhenunterschiede Insgesamt etwa 130 Meter.
Wanderkarte 1:25 000 »3715 OT Saverne Sarrebourg Rocher de Dabo« vom ign Paris.

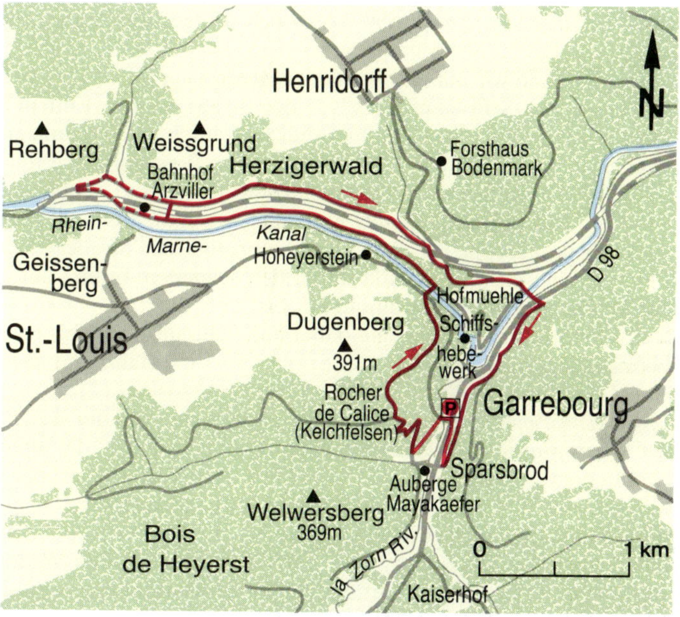

Wissenswertes Der *Rhein-Marne-Kanal* wurde 1838 begonnen und 1853 eingeweiht. Mit ihm wurde ein Schiffahrtsweg vom Rhein zur Atlantikküste verwirklicht. Zur Überwindung des Vogesenkamms war westlich von Lutzelbourg eine Schleusentreppe mit 17 dicht aufeinander folgenden Schleusen erforderlich, die sich für den modernen Schiffsverkehr als Hindernis erwiesen. 1969 wurden sie durch ein *Schiffshebewerk* ersetzt. Die Schiffe überwinden in einem *Schrägaufzug* einen Höhenunterschied von 44,55 Metern. Er ist heute die Fremdenverkehrsattraktion der Gegend schlechthin.
Anmerkung Für diese Wanderung ist eine Taschenlampe unbedingt erforderlich!

Wegbeschreibung Wir beginnen unsere technikgeschichtliche Wanderung am Parkplatz P 4, gehen etwa 50 Meter auf der Straße in Richtung St. Louis, überqueren die Zorn (230 m) und biegen danach links ab, nach etwa 300 Metern finden wir das Wegzeichen gelber Strich und folgen ihm scharf rechts und gleich danach halblinks den Pfad hinauf. Bald windet er sich in Schleifen bergauf zum *Rocher de Calice* (*Kelchfelsen,* 326 m); einer dieser Konglomeratfelsen besitzt wirklich die Form eines Kelches. Bald darauf befindet sich rechts des Weges ein Rastplatz. Der Blick auf das *Schiffshebewerk* ist jedoch weitgehend zugewachsen.

Später gehen wir auf der Straße 20 Meter nach rechts (zur Besichtigung des Schrägaufzuges auf der Straße weiter; Eintritt), dann halblinks kurz und steil hinunter und durch einen schmalen Tunnel unter dem Kanal durch. Hier ist eine Taschenlampe hilfreich. Wir steigen wieder ein Stückchen hinauf und gehen am Ufer des *Rhein-Marne-Kanals* nach rechts weiter. Etwa 50 Meter nach der Treppe Nr. 7 geht es halbrechts zur Straße, etwa 200 Meter an ihr entlang und durch den schmalen Tunnel unter der Straße und der Bahn durch. Hier ist unbedingt die Taschenlampe erforderlich. Wer keine dabei hat, geht am Kanal bis zum Bahnhof Arzviller, dann auf der Straße, über die Bahn und nach 200 Metern nach rechts.

Mit dem Zeichen gelb-weiß-gelb wandern wir am Ufer des *alten Rhein-Marne-Kanals* nach rechts. Dicht folgen hier die alten handbedienten Schleusen, die allmählich dem Verfall überlassen werden, mit den teils bewohnten und teils verlassenen Schleusenwärterhäusern. Nach der Schleuse No. 13 geht es rechts hinunter, über den Bach und unter der Bahn durch in den Weiler *Hofmuehle* (228 m). Auf der Straße (ohne Markierung) weiter, über den neuen *Rhein-Marne-Kanal,* auf der Straße nach Saverne 20 Meter nach links, halbrechts einen Waldweg hinauf und nach rechts mit der Markierung blauer Punkt weiter. Ab Höhe des Waldparkplatzes verläuft unsere Markierung auf einem schmalen Pfad. Wir nehmen anschließend den ersten Forstweg scharf rechts und gehen etwa 300 Meter an der Straße entlang zum Ausgangspunkt zurück.

46 Forsthaus Schaeferplatz – Eule – Hirschberg – Forsthaus Schaeferplatz

Verkehrsmöglichkeiten Aus Richtung Saverne auf der N 4, dann auf der D 218 in Richtung Wangenbourg; 300 Meter nach dem Ortsende von Reinhardsmunster geradeaus auf der Forststraße »Stambach« zum Billebaum und dort nach rechts zum Forsthaus Schaeferplatz.
Parkmöglichkeiten Beim Forsthaus.
Wegmarkierungen Rot-weiß-rot zum Lothringer Baechel; roter Strich zurück.
Weglänge Etwa 5 Kilometer. **Wanderzeit** Etwa 1¼ Stunden.
Höhenunterschiede Insgesamt etwa 175 Meter. Kräftiger bis leichter Anstieg zur Eule.
Wanderkarte 1:25 000 »3715 OT Saverne Sarrebourg Rocher de Dabo« vom ign Paris.

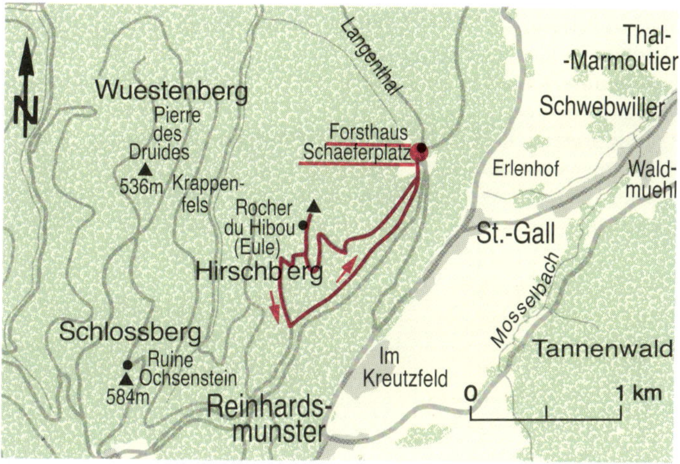

Wegbeschreibung Vom Parkplatz beim *Forsthaus Schaeferplatz* (383 m) mit dem Wegzeichen rot-weiß-rot 20 Meter auf der Straße in südlicher Richtung und halbrechts den Pfad hinauf. Achtung! Weiter oben geht es von einem Grasweg links einen Pfad hinauf. Der Einstieg ist leicht zu übersehen! Bald sind wir am *Rocher du Hibou* (*Eule,* 530 m). Er ist kein riesiges Massiv, sondern eine fast zierliche Konglomeratsäule in Form einer sitzenden Eule. Kurz darauf folgen wir der Wegweisung *»Hirschberg«* und steigen nach 100 Metern auf einen weit überhängenden Felsen, der eine großartige und umfassende Aussicht bietet (556 m). Ins Auge fällt der Schloßberg bei Dabo. Die 100 Meter zurück und mit dem Wegweiser »Lothringer Baechel« rechts hinunter. Weiter unten beim *Lothringer Baechel* (450 m) treffen wir auf die Markierung roter Strich, der wir nach links auf einem ebenen, schattigen Pfad zum *Forsthaus Schaeferplatz* folgen.

47 Forsthaus Haberacker – Ruine Ochsenstein – Col du Krappenfels – Forsthaus Haberacker

Verkehrsmöglichkeiten Aus Richtung Saverne auf der N 4, dann auf der D 218 in Richtung Wangenbourg; 300 Meter nach dem Ortsende von Reinhardsmunster geradeaus auf der Forststraße »Stambach« zum Parkplatz Ochsenstein/Haberacker.
Parkmöglichkeiten Beim Forsthaus.
Wegmarkierungen Durchgehend blauer Ring.
Weglänge Etwa 5 Kilometer. **Wanderzeit** Etwa 1¼ Stunden.
Höhenunterschiede Insgesamt etwa 120 Meter. Überwiegend leichter Anstieg.
Wanderkarte 1:25 000 »3715 OT Saverne Sarrebourg Rocher de Dabo« vom ign Paris.
Wissenswertes Wie man unschwer feststellen kann, bestand die Burg *Ochsenstein* ursprünglich aus drei getrennten Burgen,

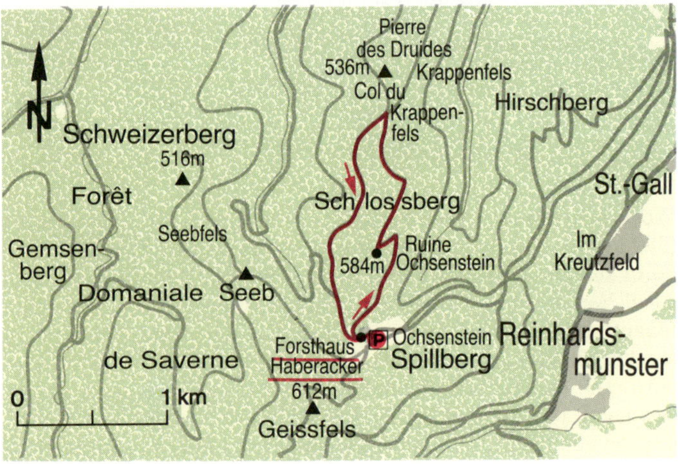

Groß-Ochsenstein, Klein-Ochsenstein und Wachelheim. Die erstmals 1187 bezeugten Herren von Ochsenstein waren ein einflußreiches Geschlecht, das im Elsaß und in der Pfalz reich begütert war. Sie starben 1485 im Mannesstamm aus. Ihren Besitz übernahmen die Grafen von Zweibrücken-Bitsch und 1570 die Grafen von Hanau-Lichtenberg. Nach mehreren Zerstörungen wurden die Burgen im 16. Jahrhundert prachtvoll erneuert und 1632 endgültig zerstört.

Wegbeschreibung Vom Parkplatz Ochsenstein hinunter zum *Forsthaus Haberacker* (476 m), zwischen den Gebäuden durch und nach dem Laufbrunnen unter der Linde mit dem blauen Ring (und blauer Strich) rechts hinauf. Auf leicht ansteigendem Pfad gelangt man in einer Viertelstunde zu den immer noch imposanten Ruinen der einst mächtigen Burg *Ochsenstein* (584 m). Von ihren besteigbaren Teilen kann man einen großartigen Ausblick genießen. Durch den Halsgraben auf der Nordseite gelangen wir zu den beiden anderen Ruinen. Den Abschluß bildet ein hoher, keilförmiger Felsen. Über den Bergkamm (574 m) wandern wir zum Holzlagerplatz *Col du Krappenfels* (485 m), wo wir uns auf den nach links verlaufenden Forstweg begeben. Mit dem Blick auf den Schloßberg bei Dabo kehren wir zum *Forsthaus Haberacker* zurück.

48 Forsthaus Haberacker – Geissfels – Geissfelswasen – Billebaum – Forsthaus Haberacker

Verkehrsmöglichkeiten Aus Richtung Saverne auf der N 4, dann auf der D 218 in Richtung Wangenbourg; 300 Meter nach dem Ortsende von Reinhardsmunster geradeaus auf der Forststraße »Stambach« zum Parkplatz Ochsenstein beim Forsthaus Haberacker.
Parkmöglichkeiten Beim Forsthaus.
Wegmarkierungen Blauer Strich zum Geissfelswasen; roter Punkt, dann unmarkiert zum Billebaum; roter Strich zurück.
Weglänge Etwa 8 Kilometer.
Wanderzeit Etwa 2 Stunden.
Höhenunterschiede Insgesamt etwa 140 Meter. Leichter bis kräftiger Anstieg zum Geissfels.
Wanderkarte 1:25 000 »3715 OT Saverne Sarrebourg Rocher de Dabo« vom ign Paris.

Wegbeschreibung Vom Parkplatz Ochsenstein etwa 100 Meter auf der Straße in westliche Richtung und dann mit dem blauen Strich links hinauf. Auf einer Freifläche geht es etwa 300 Meter nach links zum *Spillstein* (*La Spille,* 582 m), einem hohen, nadelförmigen Felsen. Wieder zurück und mit dem blauen Strich in wenigen Minuten hinauf zum felsigen Bergkamm. Der *Geissfels* (612 m) an der Südspitze des Berges ist ein hervorragender Aussichtspunkt. Zurück zum Hochspannungsmast und rechts hinunter. Unser Pfad windet sich abwärts zum *Geissfelswasen* (509 m) mit einen Rastplatz und einer kleinen Schutzhütte.

Hier wenden wir uns mit dem Wegzeichen roter Punkt nach links. Wo die Markierung nach rechts abwärts verläuft, bleiben wir (ohne Markierung) auf dem sandigen Weg. Er führt fast eben zum *Billebaum* (471 m, Rastplatz). Der Billebaum war eine riesige, etwa 350 Jahre alte Buche mit einem Stammumfang von 6,15 Metern. Seit 1989 gibt es nur noch den etwa zwei Meter hohen Stumpf, der durch ein kleines Dach geschützt ist. Mit dem roten Strich wandern wir nach links in der Nähe der Straße zurück zum *Forsthaus Haberacker*.

49 Reinhardsmunster – Forsthaus Schaeferplatz – Hirschberg – Billebaum – Forsthaus Haberacker – Geissfels – Geissfelswasen – Reinhardsmunster

Verkehrsmöglichkeiten Aus Richtung Saverne auf der N 4, dann auf der D 218 in Richtung Wangenbourg.
Parkmöglichkeiten Neben der Kirche.
Wegmarkierungen Rotes Andreaskreuz zum Forsthaus Schaeferplatz; rot-weiß-rot zum Lothringer Baechel; roter Strich zum Forsthaus Haberacker; blauer Strich zum Geissfelswasen; roter Punkt zurück.
Weglänge Etwa 12 Kilometer.
Wanderzeit Etwa 3 Stunden.
Höhenunterschiede Insgesamt etwa 350 Meter. Kräftiger bis leichter Anstieg vom Schaeferplatz zur Eule; leichter bis kräftiger Anstieg zum Geissfels.
Anmerkung Sehr reizvolle Wanderung zu großartigen Felsen mit herrlicher Aussicht.
Wanderkarte 1:25 000 »3715 OT Saverne Sarrebourg Rocher de Dabo« vom ign Paris.
Wissenswertes Ursprung des Ortes *Reinhardsmünster* war eine Filiale der Abtei Maursmünster, die ursprünglich Dillerszell, dann Dillersmünster hieß. Der Ort ging im 16. Jahrhundert ein. 1616 ließ ihn Graf Reinhard von Hanau-Lichtenberg neu besie-

Dabo (Dagsburg): Auf dem Schloßfelsen, wo einst die Dagsburg thronte, steht heute die St.-Leon-Kapelle

deln. Sehenswert ist die romanische Friedhofskapelle aus dem 12. Jahrhundert. Das ehemalige Jagdschloß der Grafen von Hanau-Lichtenberg aus dem Jahr 1621 dient heute als Pfarrhaus.

Wegbeschreibung In *Reinhardsmunster* (320 m) auf der Rue Principale in nördliche Richtung. Wo die Straße nach Saverne rechts abbiegt, gehen wir mit dem roten Andreaskreuz in Richtung St. Gall ortsauswärts (links ab). Nach der Wochenendhaussiedlung biegen wir links in den befestigten Forstweg. Nach gut einer halben Stunde sind wir am *Forsthaus Schaeferplatz* (383 m) mit einem Rastplatz und einer Grillhütte.

Wie bei Tour 46 wandern wir mit rot-weiß-rot zur *Eule* (*Le Hibou*, 530 m), zum *Hirschberg* (556 m) und wieder abwärts zum *Lothringer Baechel* (450 m). Mit dem roten Strich geht es ohne große Höhenunterschiede nach rechts zum *Billebaum* (471 m, Rastplatz) und zum *Forsthaus Haberacker* (476 m). Wie bei Tour 48 geht es mit dem blauen Strich zum *Spillstein* (*La Spille,* 582 m), zum *Geissfels* (612 m), abwärts zum *Geissfelswasen* (509 m, Rastplatz, Schutzhütte) und mit dem roten Punkt auf einem sandigen Weg nach links. Nach etwa einer Viertelstunde heißt es aufpassen! Wir biegen rechts in einen Pfad, dessen Einstieg kaum zu erkennen ist. Er mündet später in einen in gleicher Richtung verlaufenden Forstweg, der uns in die Ortsmitte von *Reinhardsmunster* bringt.

50 La Hoube – Himbeerfels – Schloßberg (Dabo) – La Hoube

Verkehrsmöglichkeiten Aus Richtung Saverne auf der N 4, dann auf der D 218 in Richtung Wangenbourg bis Obersteigen und auf der D 143/D 45 zum Ortsteil Zollstock in La Hoube.
Parkmöglichkeiten Großer Parkplatz im Ortsteil Zollstock von La Hoube an der Einmündung der Straße aus Richtung Hellert.
Wegmarkierungen Gelber Strich zum Himbeerfels; gelbes Kreuz zum Wasserreservoir; roter Strich zur »Chat Noir«; gelbes Kreuz auf den Schloßberg und zurück; roter Strich und roter Punkt zurück nach La Hoube.
Weglänge Etwa 10 Kilometer.
Wanderzeit Etwa 2½ Stunden.

Blick vom Schloßfelsen auf Dabo (Dagsburg)

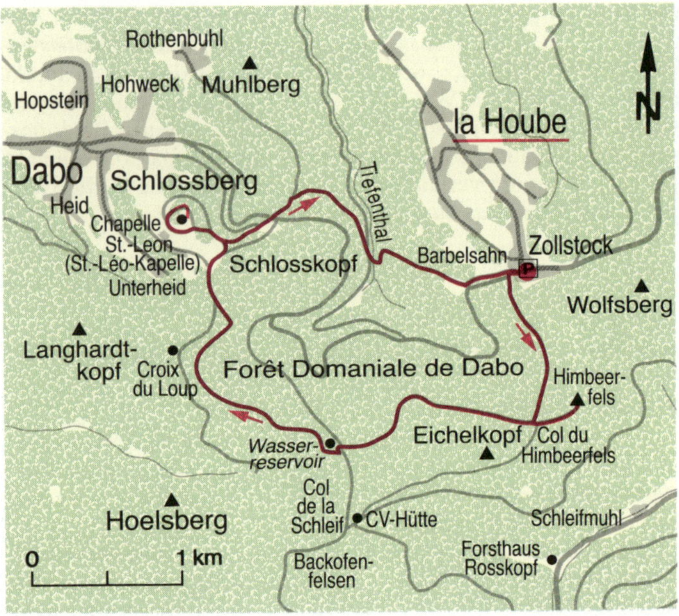

Höhenunterschiede Insgesamt etwa 340 Meter. Überwiegend leichter Anstieg von La Hoube (623 m) zum Himbeerfels; kurzer kräftiger Anstieg zum Schloßberg; kräftiger bis leichter Anstieg vom Tiefenthal (475 m) nach La Hoube (623 m).
Wanderkarte 1:25 000 »3715 OT Saverne Sarrebourg Rocher de Dabo« vom ign Paris.
Wissenswertes Auf dem riesigen Felsen auf dem Schloßberg von *Dabo* stand früher die *Dagsburg*. Am 21. Juni 1002 wurde hier Graf Bruno von Egisheim-Dagsburg geboren, der spätere Bischof von Toul (1026–1049) und Papst Leo IX. (12. 2. 1049 bis 19. 4. 1054). Er gilt als der bedeutendste Papst des Mittelalters. Sein Vater war Graf Hugo von Egisheim, seine Mutter Heilwige von Dagsburg. Die Burg, 1679 und 1690 von den Franzosen zerstört, verschwand fast restlos. 1826 baute man an ihrer Stelle eine kleine Kapelle und 1890 die jetzige *St. Leo-Kirche*.

Wegbeschreibung Vom Parkplatz im Ortsteil *Zollstock* von *La Hoube* (623 m) etwa 100 Meter auf der Straße in Richtung Dabo und am Zaun des letzten Hauses mit dem Wegzeichen gelber Strich links hinauf. Nach überwiegend leichtem Anstieg geht es am *Col du Himbeerfels* (730 m) scharf links (etwa 150 m) zum *Himbeerfels* (745 m), einem riesigen Felsklotz, der bestiegen

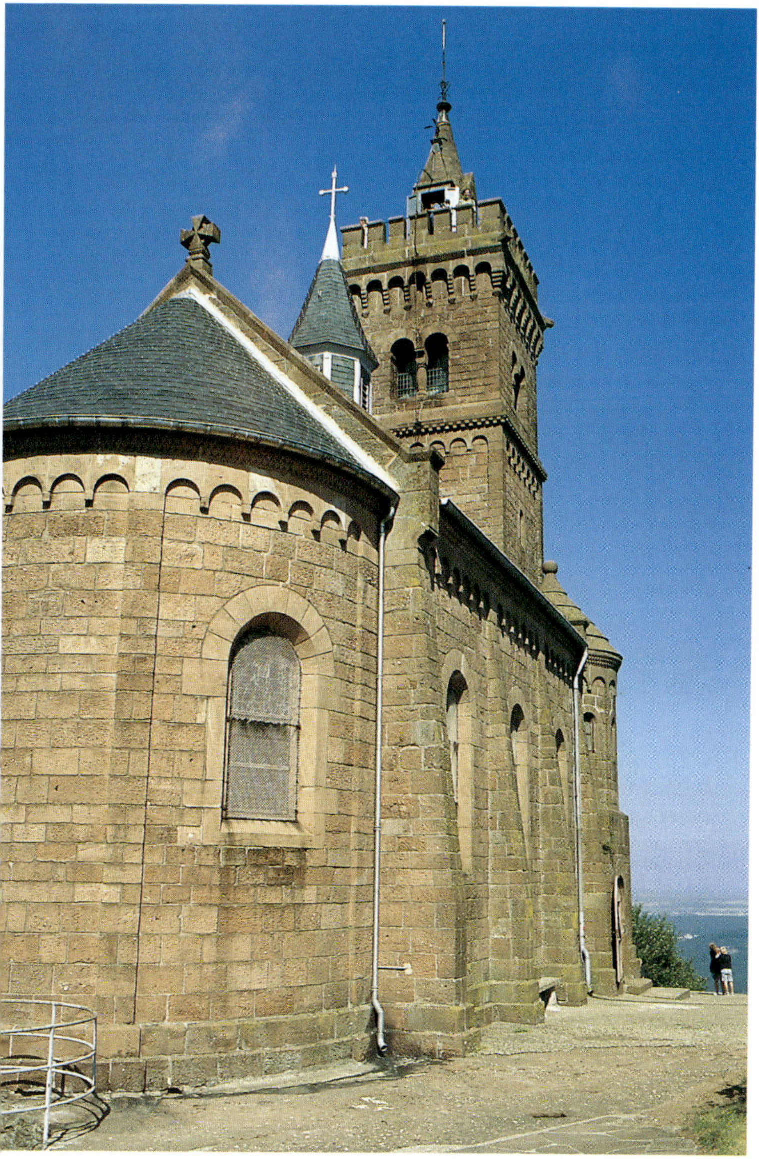

Die St.-Leon-Kapelle auf dem Schloßfelsen von Dabo (Dagsburg)

werden kann und eine schöne Aussicht bietet. Zurück zum Col du Himbeerfels und geradeaus mit dem gelben Kreuz weiter. Achtung! An einer schrägen Wegkreuzung geht es nach links auf einem ebenen, sandigen Weg weiter.

Am Wasserreservoir (650 m) unterliegt man der optischen Täuschung, daß man auf ebenem Weg zum Schloßberg wandern könnte. Nach links um das Reservoir herum und nach rechts mit dem roten Strich weiter. Etwa 100 Meter nach dem Café »Chat Noir« mit dem gelben Kreuz links hinunter und kurz und mitunter steil hinauf zum *Schloßberg bei Dabo* mit der *St. Leo-Kapelle* (*Chapelle St. Leon,* 647 m). Um die letzten Meter erklimmen zu können, ist ein kleiner Obulus zu entrichten, der sich lohnt. Die Aussicht hier oben ist unbeschreiblich! Zwei Panoramakarten dienen der besseren Orientierung.

Wir gehen auf dem gleichen Weg zurück bis in die Nähe des »Chat Noir«, dort nach links mit dem roten Strich auf dem Sträßchen weiter. Nach dem Campingplatz kreuzen wir die Straße, auf dem Forstweg talabwärts. Etwa 400 Meter, nachdem wir das schluchtartige *Tiefenthal* (475 m) durchschritten haben, mit dem roten Punkt rechts hinauf zum Ortsteil Zollstock.

51 Dorf und Ruine Wangenb(o)urg – Ameisenthal – Ruine Freudeneck – Wangenb(o)urg

Verkehrsmöglichkeiten Aus Richtung Saverne auf der N 4, dann auf der D 218 nach Wangenbourg.
Parkmöglichkeiten Großer Parkplatz in der Ortsmitte unweit der Kirche.
Wegmarkierungen Durchgehend roter Ring.
Weglänge Etwa 6,5 Kilometer.
Wanderzeit Etwa 1½ Stunden.
Höhenunterschiede Insgesamt etwa 225 Meter. Überwiegend leichter Anstieg vom Ameisenthal (377 m) zum Kittelfelsen (451 m); leichter Anstieg vom Tal (337 m) nach Wangenburg (460 m).
Wanderkarte 1:25 000 »3715 OT Saverne Sarrebourg Rocher de Dabo« vom ign Paris.
Wissenswertes *Wangenb(o)urg* gehörte Ende des 9. Jahrhunderts zur Abtei Andlau, die den Bau der Burg zu Beginn des 13. Jahrhunderts veranlaßte. Besitzer waren die Herren von Dicka, später die Herren von Wangen. Die Burg wurde im 30jährigen

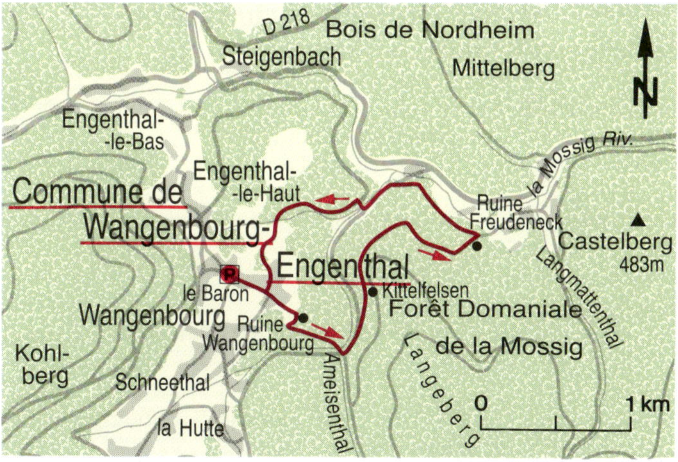

Krieg zerstört. Das Dorf ist durch seine renommierten Hotels und Gaststätten als Ausgangspunkt für Wanderungen prädestiniert. Der Chor der Friedhofskapelle stammt aus dem 13. Jahrhundert. Die Pfarrkirche St. Barthélemy war die erste im Elsaß, die nach der Eingliederung (1871) in das Deutsche Reich geweiht wurde; die große Glocke wurde von Kaiser Wilhelm II. gestiftet. – Die Burg *Freudeneck,* gegen Ende des 13. Jahrhunderts vom Kloster Andlau erbaut, wurde 1408 durch Straßburger Bürger zerstört.

Wegbeschreibung Von der Ortsmitte von *Wangenb(o)urg* (460 m) auf der Rue du Général de Gaulle und der Rue du Château, am Friedhof mit der alten Kapelle vorbei zur vor uns liegenden umfangreichen *Ruine Wangenburg* (480 m). Nach der Besichtigung links um sie herum und mit dem roten Ring auf einem Zickzackpfad hinunter in das *Ameisenthal* (377 m) mit dem munter plätschernden Bächlein. Wir gehen auf der Straße 50 Meter nach links und dann rechts den Pfad hinauf. Bei überwiegend leichtem Anstieg gelangen wir zum *Kittelfelsen* (451 m). Wir wandern zuerst sanft, zuletzt etwas steiler abwärts zur Ruine *Freudeneck* (350 m), die leider für Besucher gesperrt ist.

Wir steigen links von der Ruine abwärts und wandern auf einem Pfad nach links weiter (immer noch roter Ring). Wieder unten im Tal, geht es bei der »Domaine de la Mossig« (337 m) 200 Meter auf der Straße nach links und dann rechts über den Schloßbach. Oben am Waldrand quer über die Wiese, in *Wangenbourg* links ab und bei der Post nach rechts zur Ortsmitte.

52 Wangenb(o)urg – Schneeberg – Flohhütte – Wangenb(o)urg

Verkehrsmöglichkeiten Aus Richtung Saverne auf der N 4, dann auf der D 218 nach Wangenbourg.
Parkmöglichkeiten Großer Parkplatz in der Ortsmitte unweit der Kirche.
Wegmarkierungen Roter Strich zum Lottelfels, rotes Kreuz, dann blauer Strich zurück.
Weglänge Etwa 10 Kilometer.
Wanderzeit Etwa 2½ Stunden.
Höhenunterschiede Insgesamt etwa 500 Meter. überwiegend kräftiger Anstieg von Wangenburg (460 m) zum Lottelfels (961 m).
Wanderkarte 1:25 000 »3715 OT Saverne Sarrebourg Rocher de Dabo« vom ign Paris.

Wegbeschreibung Von der Ortsmitte von *Wangenb(o)urg* (460 m) auf der Rue du Général de Gaulle in nördliche Richtung bis zur Bäckerei Clement. Hier biegen wir mit dem roten Strich links ab, gehen zwischen den Häusern durch, kreuzen die Route du Panorama und steigen an der *Haute de l'Escalier* (500 m) den Pfad hinauf. Wir folgen dem geschotterten Forstweg und an der Gabelung dem rechten Zweig. Achtung! Etwa 150 Meter nach einer Wegeinmündung geht es rechts einen steinigen Pfad

Wangenb(o)urg ist ein beliebter Urlaubsort

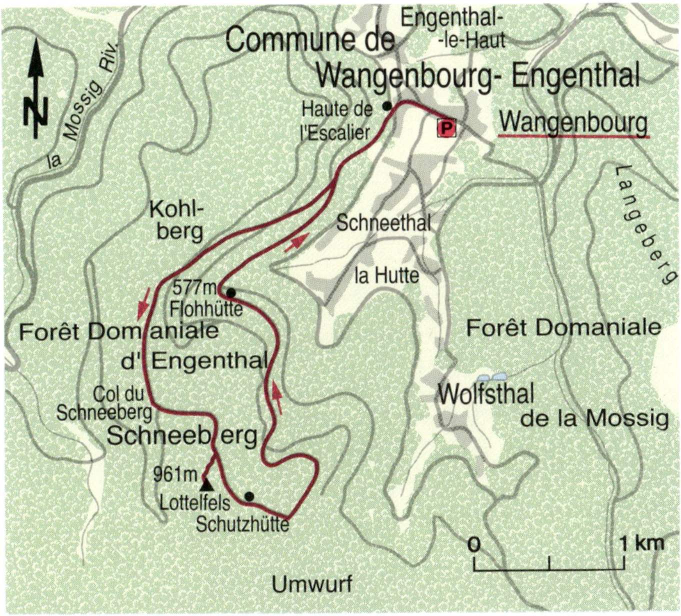

weiter aufwärts. Auf dem folgenden Forstweg 100 Meter nach links, dann scharf rechts und gleich darauf nochmals links.

Ab der Wegspinne *Col du Schneeberg* (868 m) können wir ein wenig verschnaufen, da der Weg nur noch leicht ansteigt. Zum Schluß geht es kurz und steil hinauf zum *Lottelfels* auf dem *Schneeberg* (961 m) mit der Orientierungstafel. Die einst hervorragende Aussicht ist auf Westen bis Süden begrenzt. Wir gehen etwa 200 Meter zurück, auf dem Forstweg nach rechts und links einen schmalen Pfad mit dem roten Kreuz abwärts (Einstieg leicht zu übersehen!).

Gleich darauf kommen wir an einer Quelle und einer steinernen Schutzhütte vorüber. Bald gabelt sich der Pfad. Wir wählen den halblinken Zweig mit dem Hinweis auf die Markierung blauer Strich. Mit diesem Wegzeichen folgen wir dem steinigen Weg nach links. Bald verlassen wir ihn halbrechts auf einem abfallenden Pfad. Wo wir ein Rinnsal überschreiten, steht rechts die 1985 erneuerte *Flohhütte* (577 m, Schützhütte). Zum Schluß gehen wir auf dem bereits bekannten Weg zurück in die Ortsmitte von *Wangenb(o)urg*.

Burgruine Wangenb(o)urg

53 Gensb(o)urg – Nideck – Nidecker Wasserfall – Gensb(o)urg

Verkehrsmöglichkeiten Aus Richtung Saverne auf der N 4, dann auf der D 218 durch Wangenbourg in Richtung Oberhaslach; aus Richtung Strasbourg auf der A 352/D 420 bis zur Abfahrt Niederhaslach, der Wegweisung »Wangenbourg« folgen (D 218) bis zum Weiler Gensbourg.
Parkmöglichkeiten Parkplatz an der Straße von der D 218 zum Centre de Vacances AGF (in südlicher Richtung).
Wegmarkierungen Gelber Strich zur Nideck; roter Strich in das Haseltal; gelbes Dreieck zurück.
Weglänge Etwa 7 Kilometer. **Wanderzeit** Etwa 1¾ Stunden.
Höhenunterschiede Insgesamt etwa 305 Meter. Steiler Anstieg von der D 218 in Gensbourg (386 m) zur D 218 in Richtung Wangenbourg (490 m); kräftiger Anstieg von der D 218 (332 m) zum Forstweg (450 m).
Wanderkarte 1:25 000 »3716 ET Mont Ste. Odile – Molsheim – Obernai« vom ign Paris.
Wissenswertes Die Burg *Nideck* ist weiten Kreisen der Bevölkerung Deutschlands durch Adalbert von Chamissos Ballade

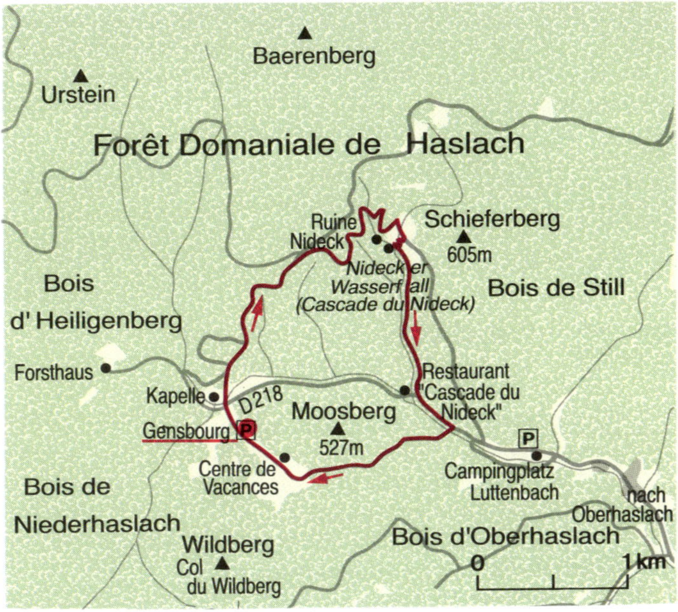

»Das Riesenspielzeug« bekannt geworden, die früher in jedem Lesebuch stand. Der Standort der Burg ist ungewöhnlich; sie steht auf einem Felsen in einer engen Schlucht und bestand aus zwei getrennten Teilen, der Ober- und der Unterburg, wurde gegen Ende des 12. Jahrhunderts durch das Bistum Straßburg erbaut und als Lehen vergeben. Ab 1454 im Besitz der Herren von Lichtenberg; 1636 zerstört.

Wegbeschreibung Vom Parkplatz an der Straße zum Ferienheim im Weiler *Gensb(o)urg* die Straße abwärts, die D 218 (386 m) kreuzen, über die Haslach und mit dem gelben Strich steil ansteigend zur Straße in Richtung Wangenbourg, etwa 700 Meter an ihr entlang und dann halbrechts in einen Forstweg. Er windet sich eben am Berghang entlang zur versteckt liegenden, sagenumwobenen Ruine *Nideck* (530 m). An der Südseite der Unterburg steigen wir, jetzt mit dem roten Strich, einen steinigen Pfad hinunter in den oberen Teil der Schlucht. Ein Aussichtsfelsen gewährt einen Blick in die untere Schlucht mit ihren schroffen Felswänden. Ein weiterer, etwas abenteuerlicher Abstieg führt hinunter in die Schlucht an den Fuß des *Nidecker Wasserfalls (Cascade du Nideck),* der sich senkrecht über eine Felswand ergießt. – Nur noch sanft verläuft der weitere Weg abwärts zum Restaurant »Cascade du Nideck«. Etwa 250 Meter folgen wir der Straße nach links, biegen mit dem gelben Dreieck rechts in das Tal des Wintersteinbächels und nach 50 Metern rechts den Pfad hinauf. Nach einem kräftigen Anstieg geht es auf dem zweiten Forstweg nach links zum Ferienheim in *Gensb(o)urg* und das Sträßchen hinunter zum Parkplatz.

Weg der Kreuze und Kapellen

54 Walscheid – St. Leonsgrotte – St. Leon – Walscheid

Verkehrsmöglichkeiten Aus Richtung Saverne auf der D 132/38 nach Lutzelbourg, dann D 94 in Richtung Dabo, auf der D 45 rechts ab zum Rehthal, D 97 bis Sitifort und auf der D 96 nach Walscheid. Aus Norden auf der N 61 nach Phalsbourg, D 38 nach Lutzelbourg und weiter wie vorher beschrieben.
Parkmöglichkeiten Großer Parkplatz am Badeweiher in der Route d'Alsace am Südende von Walscheid.

Wegmarkierungen Gelbes Kreuz und roter Punkt zum Munichshof, roter Ring nach St. Leon, rotes Dreieck zurück.
Weglänge Etwa 7 Kilometer.
Wanderzeit Etwa 1¾ Stunden.
Höhenunterschiede Insgesamt etwa 200 Meter. Leichter bis kräftiger Anstieg von Walscheid (324 m) bis kurz vor dem Munichshof (455 m).
Wanderkarte 1:25 000 »3715 OT Saverne Sarrebourg Rocher de Dabo« vom ign Paris.
Anmerkung In dieser Gegend, die bis auf wenige Jahre immer katholisch war, ist die große Zahl Wegkreuze der Ausdruck einer tiefverwurzelten Volksfrömmigkeit. Auch diesen Weg säumen zahlreiche Kreuze.
Wissenswertes Die *St. Leonsgrotte (Grotte St. Leon)* ist mit 32 Metern Tiefe die größte Höhle der Vogesen. Früher entsprang in ihr eine kräftige Quelle. Auf dem Felssporn nördlich von *St. Leon* befand sich früher eine Burg der Grafen von Dagsburg, von der man heute nur noch Reste von Mauerwerk findet. Davor stand noch am Ende des 18. Jahrhunderts die gotische *Kapelle St. Leon.* Aus den überwucherten Ruinen hat man einen steinernen Altar und weitere Fundstücke geborgen und in einer Wand eingebaut.

Wegbeschreibung Vom Badeweiher (332 m) gehen wir in die Ortsmitte von *Walscheid:* Am Ende der Route d'Alsace 50 Meter geradeaus weiter, links durch die Rue Division Leclerc, geradeaus durch die Grand'Rue und am Rathaus (Mairie) links durch die Rue du Stade. Am Ortsende sieht man links oben auf einem Felsen die hohe weiße Marienstatue, zu der ein Pfad (»Vierge«) hinaufführt; oben führt er in westlicher Richtung auf den Wanderweg zurück.

An der Wegspinne im Wald (428 m, rechts ein Wegkreuz von 1961) wandern wir mit dem roten Punkt nach links über den Walsterberg (455 m). An der Wegspinne beim *Munichshof* (rechts Wegkreuz von 1788) mit dem roten Ring links ab und nach rechts um das Hofareal. Wenig später gelangen wir zur *Grotte St. Leon (St. Leonsgrotte)* mit dem Gedenkstein zum 900. Todesjahr (1954) des heiligen Papstes Leo IX. Schöner Blick auf Walscheid! Ein Stückchen zurück und über den Felsen weiter. Direkt über der Höhle steht eine 300jährige, 25 Meter hohe Eiche.

Gleich darauf sind wir an der modernen, im Innern jedoch ansprechenden *St. Leon-Kapelle.* Danach 20 Meter nach rechts, dann links in den Weiler *St. Leon* (462 m) und im Ort nochmals links. Fast am Ortsende genießen wir den Blick in das Biebertal und weit hinein nach Lothringen. Ab hier Wegzeichen rote Raute. Nach den letzten Häusern liegt links die Ruine der alten *St. Leon-Kapelle.* Dabei steht die 1842 erbaute Wand mit den Fundstücken der Ruine. Vor dem Kreuz auf dem Felssporn links

Wie hier am Hohwalschplatz sind in den Vogesen zahlreiche Kinderspielplätze eingerichtet

die Treppen hinunter, auf dem neuen Pfad um den Fuß des Felsens, parallel zur Straße nach *Walscheid* und an der Straßenspinne rechts hinunter zum Badesee.

Weg der Kreuze und Felsen

55 Walscheid – Hengstburgerkreuz – gallo-römischer Friedhof – Hohwalsch – Walscheid

Verkehrsmöglichkeiten Aus Richtung Saverne auf der D 132/38 nach Lutzelbourg, dann D 94 in Richtung Dabo, auf der D 45 rechts ab zum Rehthal, D 97 bis Sitifort und auf der D 96 nach Walscheid. Aus Norden auf der N 61 nach Phalsbourg, D 38 nach Lutzelbourg und weiter wie vorher beschrieben.
Parkmöglichkeiten Großer Parkplatz in der Route d'Alsace am Südende von Walscheid.
Wegmarkierungen Gelber Punkt zum gallo-römischen Friedhof, rot-weiß-rot (war 1995 recht dürftig) zum Hohwalschplatz, gelbes Dreieck zurück.
Weglänge Etwa 10 Kilometer.
Wanderzeit Etwa 2½ Stunden.
Höhenunterschiede Insgesamt etwa 230 Meter. Leichter bis kräftiger Anstieg von Walscheid (335 m) zum Hengstburgerkreuz (477 m).
Wanderkarte 1:25 000 »3715 OT Saverne Sarrebourg Rocher de Dabo« vom ign Paris.

Wegbeschreibung In nördlicher Richtung um den Badeweiher von *Walscheid* (335 m), zu den Häusern, mit der Markierung gelber Punkt rechts die Rue du Plan d'Eau hinauf und nach dem letzten Haus halblinks den Pfad aufwärts. Bei leichter bis kräftiger Steigung gelangt man zur großen Wegspinne beim 1863 errichteten *Hengstburger Kreuz* (*Croix de Hengstbourg,* 477 m). Nach rechts wandern wir auf einem geschotterten Forstweg ohne größere Steigungen zum *Beimbacher Kreuz (Croix de Beimbach)* von 1810.

Halbrechts weiter leitet uns ein sandiger Weg in wenigen Minuten zum *gallo-römischen Friedhof* (526 m). Innerhalb einer quadratischen Mauer stehen in dichtem Abstand keilförmige Steine, die zum Teil unten Öffnungen besitzen, die zur Aufnah-

me von Urnen dienten. Mit dem Wegzeichen rot-weiß-rot wandern wir auf einem angenehmen, schattigen, ebenen Pfad zum *Eckfels* (527 m), der exponiert über dem Tal der Zorn liegt und einen schönen Blick in Richtung Dabo gewährt.

100 Meter zurück und halblinks weiter. Auf einem ebenen Pfad gelangen wir schon bald zum *Hohwalsch* (558 m). Auf seiner Felsplatte reicht der Blick weit hinein nach Lothringen. Wir gehen 10 Meter zurück, rechts den Pfad abwärts, in einer Schleife zum Fuß des hoch aufragenden Felsens und zum *Hohwalschplatz* (488 m) mit Rast-, Grill- und Waldspielplatz. Die Markierung gelbes Dreieck leitet uns nach rechts die Forststraße hinunter und durch den Weiler *Netzenbach* (344 m) zurück nach *Walscheid*.

56 (Abreschviller –) Grand Soldat – Rocher du Calice – Grand Soldat

Verkehrsmöglichkeiten Aus Richtung Saverne auf der D 132/38 nach Lutzelbourg, dann D 94 in Richtung Dabo, auf der D 45 rechts ab in Richtung Sarrebourg, auf der D 96 nach Abreschviller, vor dem ersten Haus links ab in Richtung Donon und nach 2 Kilometern links ab nach Grand Soldat. Aus Richtung Sarreguemines auf der N 61 nach Phalsbourg, D 38 nach Lutzelbourg und weiter wie vorher beschrieben.
Parkmöglichkeiten Bei der Endstation (Terminus) der Museumsbahn oder in Grand Soldat.
Wegmarkierungen Durchgehend roter Ring.
Weglänge Etwa 6 Kilometer.
Wanderzeit Etwa 1½ Stunden.
Höhenunterschiede Insgesamt etwa 225 Meter. überwiegend leichter, nur kurzzeitig kräftiger Anstieg von Grand Soldat (325 m) zum Grand Rommelstein (540 m).
Wanderkarte 1:25 000 »3715 OT Saverne Sarrebourg Rocher de Dabo« vom ign Paris.
Wissenswertes *Abreschviller (Alberschweiler)* ist ein stattliches, langgestrecktes Dorf am Westrand der Vogesen in Lothringen. Es gehörte bis 1225 den Grafen von Dagsburg und kam bis zur Französischen Revolution in den Besitz der Grafen von Leiningen. Die katholische Kirche wurde 1789 erbaut. Vom 16.

Abreschviller in den Westvogesen; im Vordergrund ein historisches Läutewerk der Forsteisenbahn

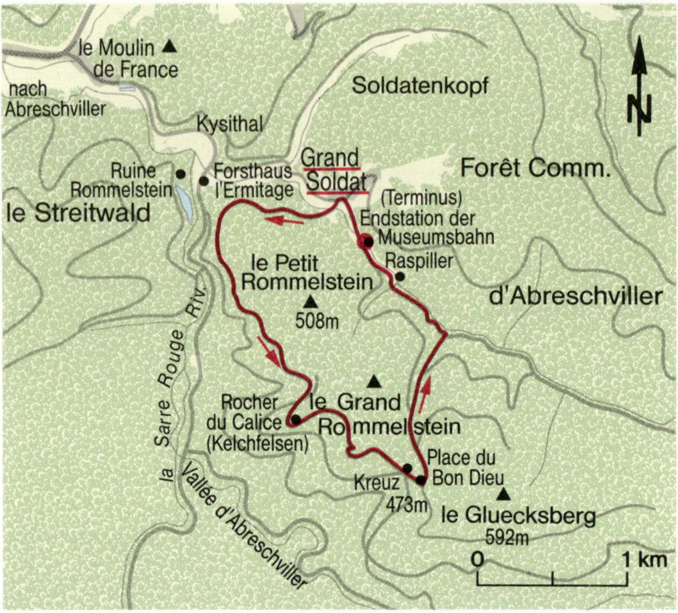

April bis zum 1. Oktober verkehrt an Wochenenden (vom 1. 7. bis 31. 8. täglich) von Abreschviller bis Grand Soldat eine schmalspurige (700-mm-Spur) *Forsteisenbahn (Train Touristique)*. Früher befuhr diese Bahn große Gebiete nördlich des Donon.

Anmerkung Bei diesem Vorschlag läßt sich eine nostalgische Bahnfahrt mit einer bequemen Wanderung verbinden.

Wegbeschreibung Von der Endstation (Terminus) der *Forsteisenbahn (Train Touristique)* wandern wir an den Schienen entlang in den Weiler *Grand Soldat* (*Soldatenthal,* 325 m), biegen an der Straßenabzweigung mit der Markierung roter Ring links über die Schienen, gehen zwischen den Häusern durch und steigen kurz und kräftig bergan. Ein schöner, beschaulicher Pfad zieht sich bei sanfter bis leichter Steigung am Berghang hinauf zum *Rocher du Calice (Kelchfelsen)*. Er steht als fast zierlicher Felsen in Form eines Pokales direkt am Weg.

Der weitere Weg verläuft an Felsgruppen vorüber, die man beim Aufstieg bereits erblicken konnte. Bald danach wandern wir über die Felsenriffe des *Großen (Grand) Rommelstein* (540 m) und steigen dann am Fuß dieser großartigen Felsgruppe ab zur Wegspinne *Place du Bon Dieu* (Lieber Gott, 473 m) mit

Endstation der historischen Forsteisenbahn (Train Touristique) beim Weiler Grand Soldat (Soldatenthal)

einem kleinen, auf einem Konglomeratblock errichteten Kreuz. Hier gehen wir noch etwa 100 Meter geradeaus und dann links einen Pfad hinunter. Bei stellenweise starkem Gefälle führt er abwärts in das *Soldatenthal,* wo wir nach links zurück zur Endstation des Bähnchens gehen.

57 St. Quirin – Türkstein – Feenfelsen – Gros Chêne – St. Quirin

Verkehrsmöglichkeiten Aus Richtung Saverne auf der D 132/38 nach Lutzelbourg, dann D 94 in Richtung Dabo, auf der D 45 rechts ab in Richtung Sarrebourg, auf der D 96 nach St. Quirin. Aus Richtung Sarreguemines auf der N 61 nach Phalsbourg, D 38 nach Lutzelbourg und weiter wie vorher beschrieben.
Parkmöglichkeiten Beim Rathaus (Mairie) oder bei der Kirche.
Wegmarkierungen Gelbes Kreuz zum Forsthaus Gros Chêne und gelber Punkt zurück nach St. Quirin.
Weglänge Etwa 13 Kilometer.
Wanderzeit Etwa 3¼ Stunden.
Höhenunterschiede Insgesamt etwa 350 Meter. Der Weg weist überwiegend leichte Steigungen auf.

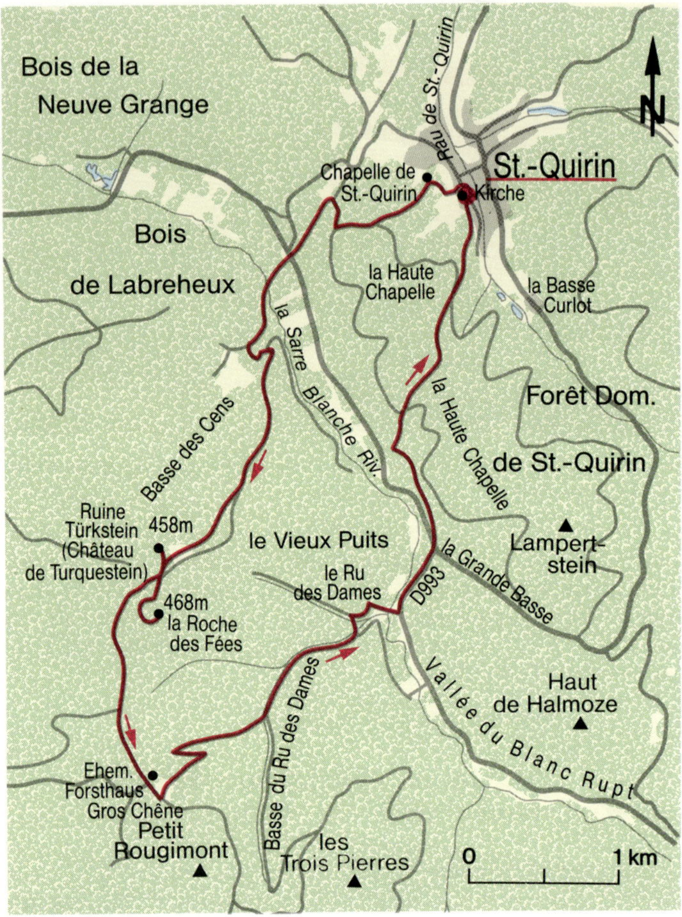

Wanderkarte 1:25 000 »3715 OT Saverne Sarrebourg Rocher de Dabo« vom ign Paris.
Wissenswertes 1123 wurde das Kloster *St. Quirin* als Filiale der Abtei Maursmünster gegründet. Von ihm steht noch der Südflügel mit zwei prächtigen Portalen. Die barocke Klosterkirche wurde 1722 erbaut; die Glockengeschosse ihrer beiden Türme sind mit einer Holzbrücke verbunden; im Innern befindet sich eine Silbermann-Orgel von 1746. Davor steht der St. Quirin-Brunnen. Die Wallfahrtskapelle St. Quirin, oben am Berg, stammt aus dem 12. Jahrhundert. – Die Burg *Türkstein (Turquestein)* wurde im 12. Jahrhundert von den Bischöfen von Metz er-

baut und den Herren von Türkstein zu Lehen gegeben. Nach deren Aussterben, 1233, wurde sie mehrfach verpfändet und schließlich 1634 zerstört. Zu sehen ist noch ein Teil der Umfassungsmauer.
Anmerkung Unterwegs keine Einkehrmöglichkeit.

Wegbeschreibung Gegenüber der Kirche in *St. Quirin* (310 m) steigen wir mit dem gelben Kreuz den Chemin de la Haute Chapelle hinauf und stehen wenige Minuten später vor der *Wallfahrtskapelle St. Quirin,* von der wir einen schönen Blick auf das Dorf haben. Bald darauf geht es an einer Abzweigung rechts hinunter und kurze Zeit danach links in einen Grasweg. Unten im Tal (304 m) überqueren wir das Straßendreieck, gehen gegenüber in einen asphaltierten Forstweg und überqueren die *Weiße Saar (Sarre Blanche).*

An der folgenden Abzweigung halblinks (der rechts hinauf weisende gelbe Pfeil irritiert!) und in einer Links-Rechts-Schleife weiter. Bei leichtem Anstieg gelangen wir in den Sattel zwischen zwei Bergkuppen (428 m). Scharf rechts abbiegend kommen wir in einigen Minuten zur Ruine *Türkstein* (*Turquestein,* 458 m). Leider ist die früher schöne Aussicht weitgehend zugewachsen. Wieder zurück in den Sattel und gegenüber hinauf zum *Roche des Fées, Feenfelsen* (468 m), einem Konglomeratblock, der auf mehreren dünnen Säulen ruht und Höhlungen aufweist. – Nach dem erneuten Abstieg in den Sattel wandern wir scharf links auf unserem ursprünglichen Forstweg weiter. Nach einer Viertelstunde steht links am Weg eine mächtige uralte Eiche (Gros Chêne). Sie ist zum Teil schon abgestorben. Etwa 200 Meter danach steht auf einer Waldlichtung das *Forsthaus Gros Chêne* (409 m), das nach ihr benannt ist und vor dem ein munterer Brunnen plätschert.

Etwa 80 Meter nach dem Forsthaus geht es mit dem Wegzeichen gelber Punkt links hinunter. Auf einem grasigen Weg wandern wir in das Tal der *Ru des Dames* (334 m), wo es auf einem geschotterten Forstweg nach links weiter talabwärts geht. Unten wechseln wir auf einem nassen Pfad die Talseite, gehen rechts am verlassenen Gebäude Ru des Dames vorbei, kommen bei einer riesigen Fichte zur Straße, der wir 450 Meter nach links folgen, um sie dann in der Kurve halbrechts auf einem ansteigenden Pfad wieder zu verlassen.

Etwa fünf Minuten, nachdem wir einen Forstweg schräg gekreuzt haben, wandern wir unterhalb eines mächtigen Konglomeratfelsens vorbei. Am Fuße einer weiteren großen Felsgruppe senkt sich unser Weg hinunter nach *St. Quirin.*

58 Luttenbach – Nideck – Nidecker Wasserfall – Luttenbach

Verkehrsmöglichkeiten Aus Richtung Saverne auf der N 4, dann auf der D 218 durch Wangenbourg in Richtung Oberhaslach; aus Richtung Strasbourg auf der A 352/D 420 bis zur Abfahrt Niederhaslach, der Wegweisung »Wangenbourg« folgen (D 218) bis zum Campingplatz Luttenbach.
Parkmöglichkeiten Parkplatz an der D 218 gegenüber vom Campingplatz Luttenbach.
Wegmarkierungen Durchgehend blauer Ring, parallel dazu rotes Dreieck zur Nideck, roter Strich zurück.
Weglänge Etwa 6 Kilometer.
Wanderzeit Etwa 1½ Stunden.
Höhenunterschiede Insgesamt etwa 330 Meter. Leichter bis kräftiger Anstieg von der D 218 (329 m) zum Hirschfels (550 m).
Wanderkarte 1:25 000 »3716 ET Mont Ste. Odile – Molsheim – Obernai« vom ign Paris.
Wissenswertes Burg *Nideck* siehe Tour 53.

Wegbeschreibung Vom Campingplatz (Übernachtungsheim) *Luttenbach* des Club Vosgien (319 m) bei *Oberhaslach* mit dem roten Dreieck in westlicher Richtung etwa 450 Meter an der Straße entlang und bei der Einmündung des Schieferbächels rechts einen Pfad hinauf. Leicht bis kräftig steigend geht es hin-

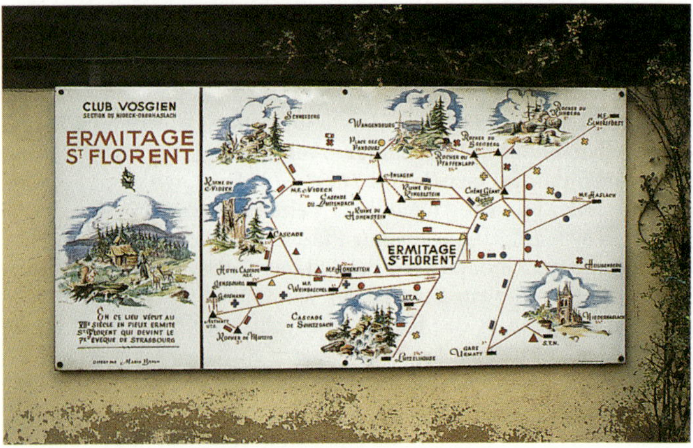

Orientierungstafel des Club Vosgien in Oberhaslach

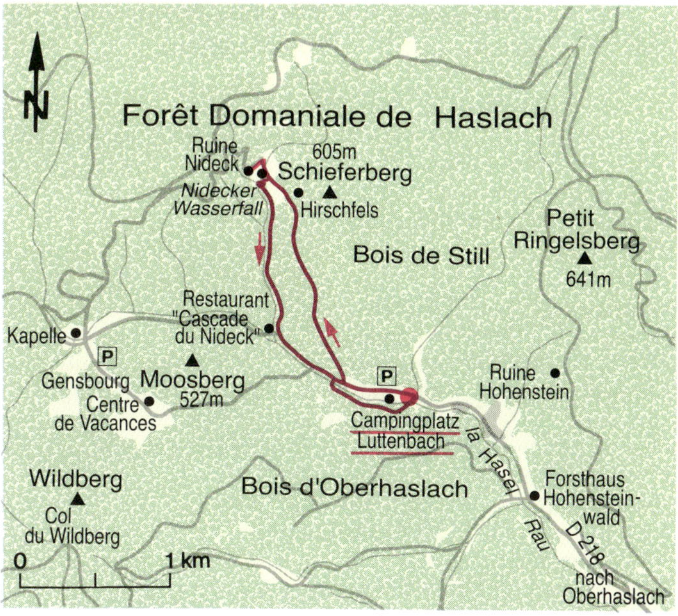

auf zum *Hirschfels* (550 m). Der hoch über der Talschlucht aufragende Fels gewährt einen Blick hinüber zur Nideck. Allmählich senkt sich der Pfad in den oberen Teil der Schlucht, wo wir auf einem steinigen Pfad hinaufsteigen zur versteckt liegenden, zweiteiligen, sagenumwobenen Burg *Nideck* (530 m).

An der Südseite der Unterburg steigen wir, jetzt mit dem roten Strich, einen steinigen Pfad hinunter in den oberen Teil der Schlucht. Ein Aussichtsfelsen gewährt einen Blick in die untere Schlucht mit ihren schroffen Felswänden. Ein weiterer, etwas abenteuerlicher Abstieg führt hinunter in die Schlucht an den Fuß des *Nidecker Wasserfalls (Cascade du Nideck),* der sich senkrecht über eine Felswand ergießt. Nur noch sanft verläuft der weitere Weg abwärts zum Restaurant »Cascade du Nideck«. Etwa 250 Meter folgen wir der Straße nach links, biegen rechts und gleich wieder links ab und wandern am Bach entlang zurück zum Campingplatz.

59 Oberhaslach – Ringelstein – Hohenstein – Oberhaslach

Verkehrsmöglichkeiten Aus Richtung Saverne auf der N 4, dann auf der D 218 durch Wangenbourg in Richtung Oberhaslach; aus Richtung Strasbourg auf der A 352/D 420 bis zur Abfahrt Niederhaslach und auf der D 218 bis Oberhaslach.
Parkmöglichkeiten Beiderseits der Hauptstraße.
Wegmarkierungen Blauer Ring zum Hohenstein; gelbes Kreuz zurück.
Weglänge Etwa 9 Kilometer.
Wanderzeit Etwa 2¼ Stunden.
Höhenunterschiede Insgesamt etwa 375 Meter. Sanfter bis kräftiger Anstieg vom Waldrand (320 m) zum Ringelstein (645 m).
Wanderkarte 1:25 000 »3716 ET Mont Ste. Odile – Molsheim – Obernai« vom ign Paris.
Wissenswertes Die Burg *Ringelstein* dürfte um die Wende des 12./13. Jahrhunderts entstanden sein. Sie war bis zu deren Aussterben im Mannesstamm, 1225, im Besitz der Grafen von Dagsburg, kam in der Erbfolge an die Grafen von Leiningen (als Lehen der Bischöfe von Straßburg) und wurde 1470 durch die Kurpfalz zerstört. – Die Burg *Hohenstein* wurde vermutlich im 12. Jahrhundert durch die Herren von Hohenstein erbaut und bereits 1338 von Straßburger Truppen zerstört.

Wegbeschreibung Ausgangspunkt ist das Rathaus (Mairie) in *Oberhaslach* (275 m): Mit der Markierung blauer Ring (und blauer Strich) in nördlicher Richtung durch die Rue des Ecoles und geradeaus durch die Rue de Schotten. Zurückschauend hat man einen schönen Blick über den Talkessel mit Ober- und Niederhaslach. Bei leichter Steigung zieht sich unser Weg in einen Taleinschnitt hinein. Nach einer Dreiviertelstunde biegen wir scharf links in einen fast ebenen, geschotterten Forstweg ein (nur noch blauer Ring). Herrlicher Blick in das Breuschtal. Wo der Weg um die Bergnase schwenkt, geht es rechts, kräftig ansteigend, einen Pfad hinauf (zusätzlich weißer Strich).

Auf dem Gipfel erwartet uns die von Hecken und Sträuchern überwucherte Ruine *Ringelstein* (645 m). In nördlicher Richtung gehen wir auf dem Bergrücken weiter. Beim Abstieg durchschreiten wir eine kleine, vermutlich gallo-römische Wallanlage. Unten im Sattel wandern wir links einen Weg (Zeichen: weißer Punkt) hinunter zur unweit gelegenen Ruine *Hohenstein* (460 m), wobei wir kurz vorher 30 Meter auf einem Forstweg

nach links gehen. Vor der Burg mit dem gelben Kreuz nach rechts und anschließend auf dem abwärts verlaufenden Forstweg weiter. Unten an der Gabelung des Weges bleiben wir oben (geradeaus), um nach etwa 400 Metern rechts hinunter zu steigen. Gleich nach dem Bildstock sind wir wieder in *Oberhaslach:* Durch die Rue de Schotten und die Rue des Ecoles zurück in die Ortsmitte.

60 Lutzelhouse – Porte de Pierre – Rocher de Mutzig – Lutzelhouse

Verkehrsmöglichkeiten Aus Richtung Strasbourg auf der A 352/D 420 bis zur Abfahrt Lutzelhouse; in Lutzelhouse die Hauptstraße (Rue Principale) kreuzen und die Rue de la Fontaine hinauf. Entweder zum Chalet Netzenbach im Impasse Hurlevent (erste Kurve nach dem Ortsende) oder auf der gleichen Forststraße 2,5 Kilometer weiter zum großen Parkplatz beim Mammutbaum. Lutzelhouse ist Bahnstation an der Strecke Molsheim – Schirmeck.
Parkmöglichkeiten Entweder beim Chalet Netzenbach des CV Strasbourg-Grendelbruch oder auf dem Platz beim Mammutbaum.
Wegmarkierungen Roter Ring zum Col de Narion, weißes Kreuz zurück (diese Markierung war 1995 sehr dürftig).
Weglänge Etwa 13 Kilometer ab Mammutbaum, etwa 16 Kilometer ab CV-Hütte.
Wanderzeit Etwa 3½ Stunden ab Mammutbaum, etwa 4¼ Stunden ab CV-Hütte.
Höhenunterschiede Insgesamt etwa 620 Meter ab Mammutbaum, etwa 680 m ab CV-Hütte. Durchgehender leichter bis kräftiger Anstieg zum Rocher de Mutzig (1010 m).
Wanderkarte 1:25 000 »3716 ET Mont Ste. Odile – Molsheim – Obernai« vom ign Paris.
Anmerkung Unterwegs keine Einkehrmöglichkeit!

Wegbeschreibung Vom Chalet Netzenbach des CV Strasbourg-Grendelbruch (348 m) mit dem weißen Kreuz auf der Forststraße in nördliche Richtung zum Waldparkplatz beim Mammutbaum (*Place des Musiciens,* 418 m). Hier in nordöstlicher Richtung ohne Markierung (Wegweiser »Sperl 45«) den geschotterten Weg hinauf und nach etwa 400 Metern (aufpassen! Einstieg leicht zu übersehen) mit dem roten Ring links einen Pfad hinauf. Gleich darauf, an der Kreuzung mehrerer Pfade, rechts hinauf und bald wieder abwärts zur Wegspinne *Kegelplatz* (469 m).

Noch eine knappe Stunde steigt unser Weg an, zum größten Teil auf Pfaden (später zusammen mit dem roten Strich), bis wir die *Porte de Pierre* (*Türgestell,* 858 m) erreicht haben, zwei Sandsteintürme, die durch eine Platte verbunden sind. Nach links weiter, überwiegend leicht ansteigend wandern wir zum *Rocher de Mutzig (Mutzigfelsen),* mit 1010 Metern der nördlichste Tausender der Vogesen. Die Strapazen des Aufstiegs werden durch eine überragende Rundumsicht belohnt!

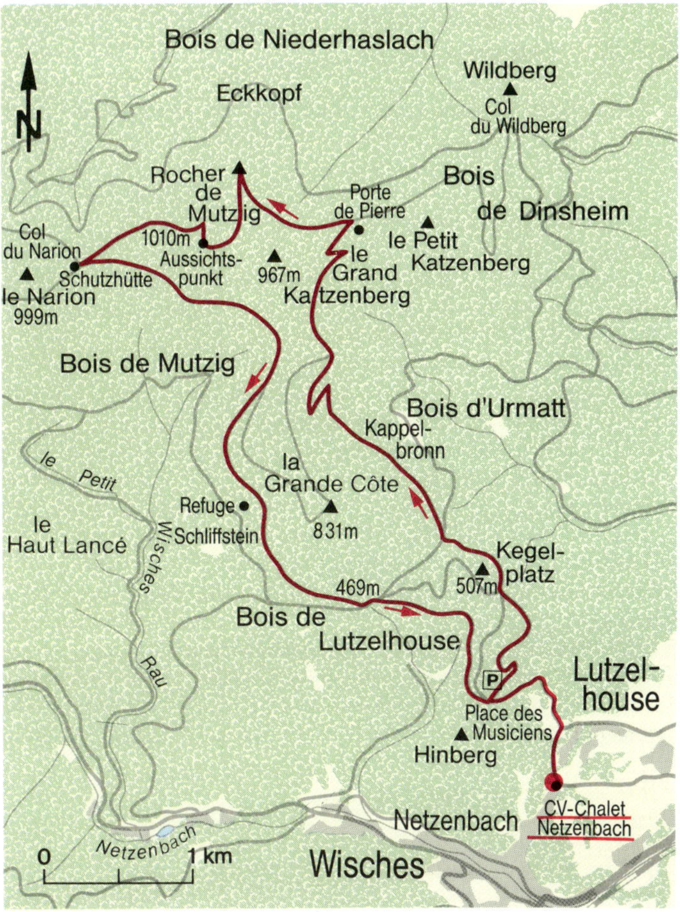

Nach kurzem Abstieg leitet uns der Pfad eben zum *Col de Narion* (927 m, Schutzhütte). Mit dem Wegzeichen weißes Kreuz geht es scharf links einen geschotterten Forstweg hinunter. Nach etwa knapp einer Stunde geht es an der (schrägen) Kreuzung von Forststraßen rechts (zusätzlich gelber Ring) einen Pfad abwärts in eine Senke und wieder leicht ansteigend zum Parkplatz am Mammutbaum. Auf der Forststraße weiter gelangt man wieder zum CV-Chalet Netzenbach.

61 Col du Donon – Donon – Col du Donon

Verkehrsmöglichkeiten Aus Richtung Strasbourg auf der A 352/ D 420 nach Schirmeck, in der Stadtmitte rechts ab und auf der D 392 zum Col du Donon.
Parkmöglichkeiten Großer Parkplatz am Col du Donon.
Wegmarkierungen Roter Strich zum Col entre les deux Donons, gelbes Kreuz zurück.
Weglänge Etwa 7 Kilometer. **Wanderzeit** Etwa 2 Stunden.
Höhenunterschiede Insgesamt etwa 290 Meter. Leichter bis kräftiger Anstieg zum Donon.
Wanderkarte 1:25 000 »3616 OT Le Donon« vom ign Paris.
Wissenswertes Der *Donon* trug ein keltisches, später römisches Heiligtum. Zahlreiche Fundstücke, Statuen und Reliefs befinden sich heute im Museum in Epinal. Einige Nachbildungen sind neben dem Sender aufgestellt. 1869 wurde auf dem höchsten Punkt die Nachbildung eines römischen Tempels errichtet. Das keltische Wort »Dunum« deuten die Historiker unterschiedlich: 1. Berg; 2. umfriedeter Raum; von Dunum ist das englische Wort Town (Stadt) und das deutsche Zaun abgeleitet.

Wegbeschreibung Am *Col du Donon* (732 m) mit dem roten Strich am Restaurant »Velleda« an der Straße nach rechts, beim Parkplatz rechts hinauf und nach dem Kreuzen der Straße auf einem steinigen Pfad bei herrlicher Aussicht weiter bergauf.

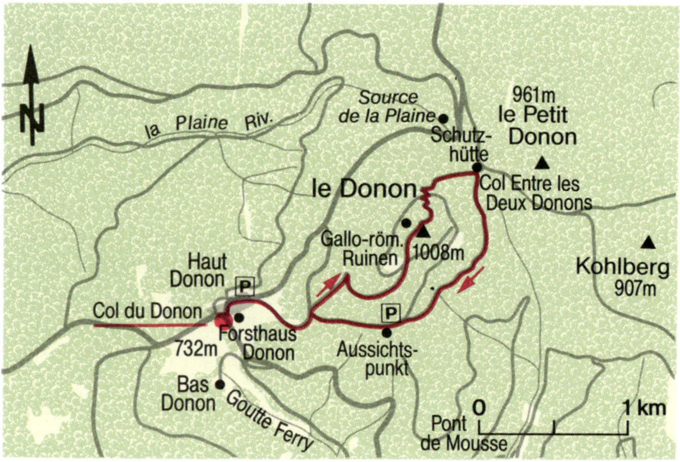

Oben beim Sender sind neben gallo-römischen Ruinen in einem Halbrund Ausgrabungsstücke (Reliefs) aufgebaut. Nach kurzem Aufstieg ist man auf dem Gipfel des *Donon* (1008 m) mit dem 1869 errichteten Tempel und den beiden Orientierungstafeln. Die Felsplatten sind übersät mit privaten »Verewigungen«, ja sogar ganzen Geschichten. An der Ostseite der Felsplatte ist die Nachbildung eines gallö-römischen Reliefs zu sehen, das 1832 hier gefunden wurde.

Auf der Nordseite des Gipfels steigen wir zwischen Felsen hinunter. Ein ganz schmaler, von Wurzeln durchzogener, steiniger Pfad windet sich abwärts zum *Col entre les deux Donons* (822 m, Schutzhütte). Mit der Markierung gelbes Kreuz wandern wir auf dem geschotterten Weg nach rechts. Er verläuft eben (später Straße) um den Donon herum. Später geht es wieder links hinunter, zurück zum *Col du Donon.*

62 Grandfontaine – Les Minières – Col du Donon – Donon – Col du Donon – Grandfontaine

Verkehrsmöglichkeiten Aus Richtung Strasbourg auf der A 352/N 420 nach Schirmeck, in der Stadtmitte rechts ab und auf der D 392 in Richtung zum Col du Donon nach Grandfontaine.
Parkmöglichkeiten Beim Spielplatz in der Rue Principale, etwa 500 Meter oberhalb der Kirche.
Wegmarkierungen Rotes Andreaskreuz zum Etoile 1, blaues Kreuz zum Col du Donon, roter Strich zum Col entre les deux Donons, gelbes Kreuz zurück.
Weglänge Etwa 15 Kilometer.
Wanderzeit Etwa 4 Stunden.
Höhenunterschiede Insgesamt etwa 580 Meter. Leichter bis kräftiger Anstieg von Grandfontaine (460 m) zum Etoile 1 (754 m), leichter bis kräftiger Anstieg vom Col du Donon (732 m) zum Donon (1008 m).
Wanderkarte 1:25 000 »3616 OT Le Donon« vom ign Paris.
Wissenswertes *Grandfontaine,* eine Streusiedlung, die sich mit ihren Annexen auf etwa 18 Kilometer im Tal des Framont erstreckt, war schon immer ein Zentrum des Bergbaus. Die Eisenerzgruben wurden bis gegen Ende des 19. Jahrhunderts betrieben. 1993 wurde am Eingang des Ortsteils *Les Minières* ein

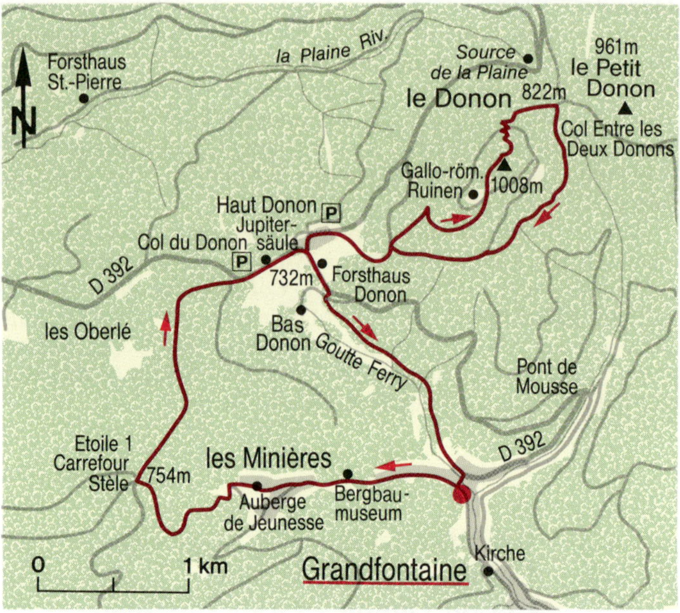

Bergbaumuseum und ein Besichtigungsbergwerk eröffnet. Es ist vom 1. Juli bis 31. August nachmittags und für Gruppen ab 20 Personen vom 1. April bis 15. Oktober geöffnet. Gleichzeitig wurde ein Grubenwanderweg angelegt.

Wegbeschreibung In *Grandfontaine* (460 m) am Ende der Rue Principale mit der Markierung rotes Andreaskreuz geradeaus die Rue des Minières hinauf. Nach etwa einem Kilometer befindet sich rechts das *Bergbaumuseum Grandfontaine mit dem Schaubergwerk*. Einige Stationen des Grubenpfades liegen an unserem Wanderweg.

Am Eingang des Weilers *Les Minières* (576 m) halbrechts weiter. Später kommen wir an der *Jugendherberge (Auberge de Jeunesse) des Minières* vorüber. Nach den letzten Häusern geht es einen grasigen, dann steinigen und anschließend geschotterten Weg hinauf zur Wegspinne *Etoile 1* (754 m). Mit dem Wegzeichen blaues Kreuz geht es fast eben auf der Forststraße nach rechts zum *Col du Donon* (732 m, Einkehrmöglichkeiten) mit einem Rastplatz und einer Orientierungstafel sowie der Nachbildung einer *römischen Jupitersäule,* die 1933 hier gefunden wurde.

Auf dem Gipfel des Donon steht der 1869 errichtete Tempel

Wie bei Tour 62 geht es mit dem roten Strich auf den *Donon* (1008 m), hinunter zum *Col entre les deux Donons* (822 m) und mit dem gelben Kreuz zurück zum *Col du Donon.* Immer noch mit dem gelben Kreuz links die Straße hinunter und nach etwa 150 Metern rechts den Pfad abwärts. Er leitet uns zurück nach *Grandfontaine:* Am Ende der Rue de la Goutte Ferie in die Rue de la Basse.

63 Schirmeck – Burg – Struthof – Schirmeck

Verkehrsmöglichkeiten Aus Richtung Strasbourg auf der A 352/N 420 nach Schirmeck. Bahnhof an der Strecke Strasbourg – St. Dié.
Parkmöglichkeiten Auf dem Marktplatz in der Stadtmitte bei der katholischen Kirche und dem Hôtel de Ville (Rathaus).
Wegmarkierungen Gelber Strich (siehe Anmerkung) zum Struthof und roter Strich zurück nach Schirmeck.
Weglänge Etwa 11 Kilometer. **Wanderzeit** Etwa 3 Stunden.
Höhenunterschiede Insgesamt etwa 490 Meter. Langgezogener Anstieg (überwiegend leicht steigend) von Schirmeck (310 m) zum Struthof (799 m).
Wanderkarte 1:25 000 »3716 ET Mont Ste. Odile – Molsheim – Obernai« vom ign Paris.

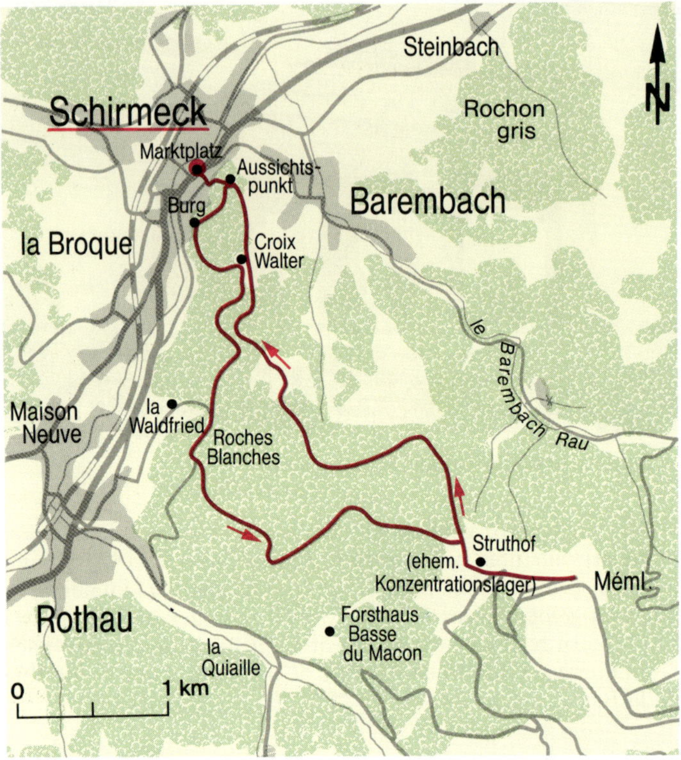

Anmerkung zur Markierung Das Wegzeichen gelber Strich (GR 532) war 1995 zwischen Schirmeck und den Roches Blanches auf drei verschiedenen Wegführungen zu finden. Keine war jedoch durchgehend und eindeutig markiert. Auch vor dem Struthof war Spürsinn angebracht.

Wissenswertes Die Burg *Schirmeck* wurde im 13. Jahrhundert durch die Bischöfe von Straßburg erbaut. Sie wurde 1547 erweitert und 1633 zerstört. Die darunter entstandene Stadt wurde zu Beginn des 14. Jahrhunderts befestigt. Stadt und Burg wurden später an die Grafen Salm-Salm verlehnt, die sie bis 1790 besaßen. Die katholische Kirche besitzt einen barocken Westteil von 1758, wobei beim Bau Steine von der Burg geholt wurden; das Langhaus wurde 1846 in neugotischem Stil erbaut. – Oberhalb von Schirmeck wurde 1940 beim *Struthof* ein Konzentrationslager errichtet, in dem bis Spätjahr 1944 30 000 Elsässer und Lothringer inhaftiert wurden. Ein großer Teil von ihnen wurde in Gaskammern umgebracht.

Wegbeschreibung Am bergseitigen Ende des Marktplatzes von *Schirmeck* (310 m) mit dem gelben Strich die Treppen und anschließend einen Zickzackpfad hinauf zum Aussichtspunkt *Grand'Roche.* Hier geht es rechts weiter und zwei Minuten später sind wir an der *Burg Schirmeck.* Auch hier hat man einen schönen Blick auf das darunter liegende Städtchen. Wir wandern in gleicher Richtung weiter (blauer Ring) um den schroff aufragenden Schloßberg. Nach dem *Wildgehege* gehen wir auf der Wiese unter der Hochspannungsleitung scharf rechts ab.

Knapp zehn Minuten danach, wo der Forstweg wieder bergab verläuft, gehen wir halblinks in einen Pfad. Nach den *Roches Blanches (Weiße Felsen)* bleiben wir auf sanft bis leicht ansteigenden Forstwegen. Oben, wo unser Weg schon eben verläuft, heißt es aufpassen! Wir verlassen den Forstweg halblinks (Einstieg leicht zu übersehen!), gehen über landwirtschaftlich genutztes Gelände, beim *Struthof* (700 m) rechts und bald wieder scharf links zum *Restaurant Struthof.*

Gegenüber steigen wir hinauf, kreuzen zweimal die Straße und sind am Eingang zum ehemaligen *KZ* (Besichtigungsmöglichkeit, 799 m) mit der Gedenkstätte, dem weithin sichtbaren Monument, den ehemaligen Baracken und dem großen Friedhof. An der Westseite des Parkplatzes gehen wir mit dem Wegzeichen roter Strich rechts den Pfad abwärts. Bis zum Bauernhof wandern wir auf dem gleichen Weg zurück, auf dem wir gekommen sind, gehen jetzt jedoch in nördlicher Richtung am Gehöft

Blick von der Burg auf das Städtchen Schirmeck

vorbei und später mit dem Blick auf den Donon allmählich abwärts.

Bald lädt bei einem Forstpflanzgarten eine Schutzhütte zum Verweilen ein. Etwa 50 Minuten nach dem Beginn des Abstiegs verlassen wir den Forstweg halbrechts. Unter der Hochspannungsleitung steht am Weg ein Kreuz (*Croix Walter,* 417 m). Wenige Minuten später gelangen wir zum Aussichtspunkt *Grand' Roche.* Das letzte Stück des Weges (Zickzackpfad) nach *Schirmeck* kennen wir bereits vom Beginn der Wanderung.

64 Grendelbruch – G(u)irbaden – Fischhutte – Grendelbruch

Verkehrsmöglichkeiten Aus Richtung Strasbourg auf der A 352/D 420 bis zur Abfahrt Wisches; auf der D 204 über Schwarzbach nach Grendelbruch.
Parkmöglichkeiten In der Ortsmitte bei der Mairie (Rathaus).
Wegmarkierungen Rot-weiß-rot bis zum ehemaligen Forsthaus; rotes Kreuz zur Fischhutte und blaues Kreuz zurück.
Weglänge Etwa 11 Kilometer. **Wanderzeit** Etwa 2¾ Stunden.
Höhenunterschiede Insgesamt etwa 200 Meter. Keine nennenswerten Steigungen.
Wanderkarte 1:25 000 »3716 ET Mont Ste. Odile – Molsheim – Obernai« vom ign Paris.
Anmerkung Bequeme Wanderung zur größten Burgruine im Elsaß.
Wissenswertes Im Ortsbild vom Grendelbruch fallen schöne Fachwerkhäuser und Laufbrunnen auf. Die Kirche, 1741 erbaut, erhielt 1828 ihr klassizistisches Gewand. Bei der gotischen Kapelle im ehemligen Friedhof handelt es sich um das Untergeschoß des Chorturms der früheren Kirche. – *G(u)irbaden* ist die größte Burgruine im Elsaß. Sie bestand ursprünglich aus drei Burgen. Als Erbauer des »Castrum Buckberck« gilt Graf Hugo von Egisheim-Dagsburg, der die Burg zum Schutz des Klosters Altdorf errichtete. Erste Erwähnung 1049. 1137 taucht sie erstmals unter dem Namen »Girbadum« auf. Nach dem Aussterben im Mannesstamm fiel die Burg an den Bischof von Straßburg. 1226 erbauten die Hohenstaufer gegenüber das Neue Schloß, das sie ebenfalls den Straßburger Bischöfen schenkten und die in der Folge die Burgen mehrfach verlehnten. Sie wurden 1632 zerstört, 1647 wieder hergerichtet, 1652 vom Herzog von Lothringen angezündet und 1657 von den Franzosen gesprengt.

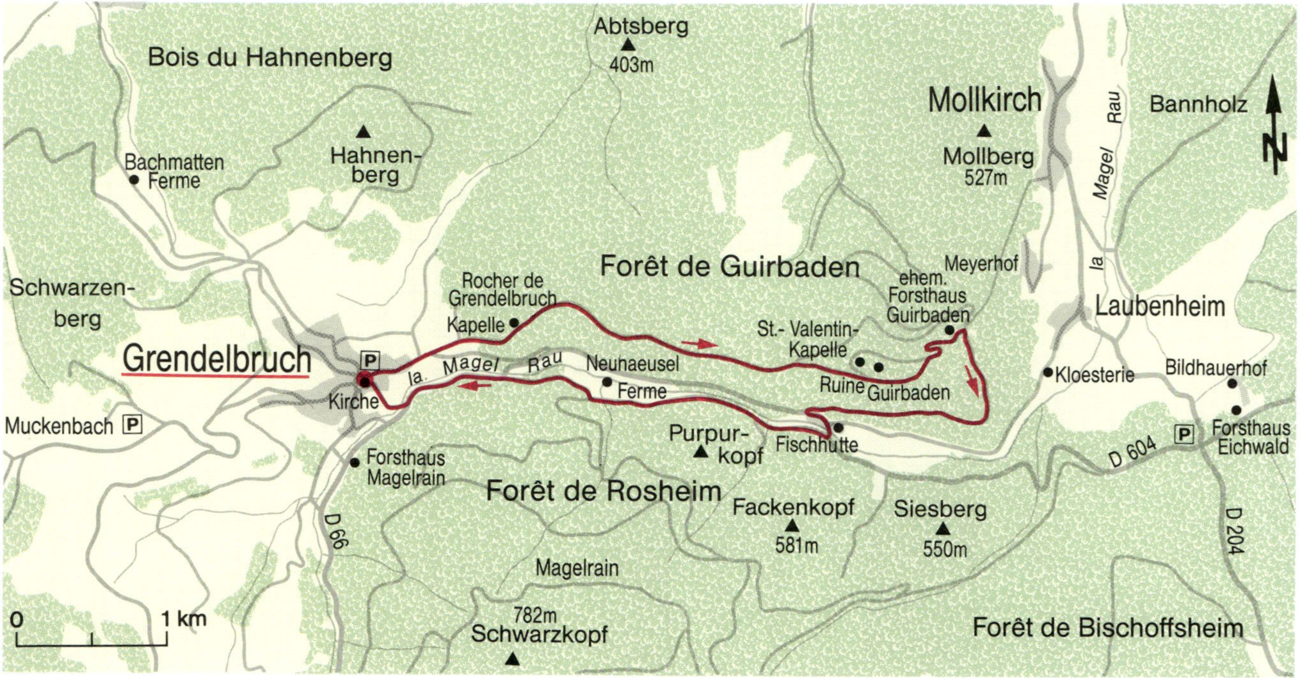
Bois du Hahnenberg
Abtsberg
403m
Mollkirch
Bannholz
Mollberg
527m
Hahnen-
berg
Bachmatten
Ferme
Schwarzen-
berg
Grendelbruch
Rocher de
Grendelbruch
Kapelle
Forêt de Guirbaden
Meyerhof
ehem.
Forsthaus
Guirbaden
Laubenheim
la Magel Rau
St.- Valentin-
Kapelle
Ruine Guirbaden
Kloesterie
Bildhauerhof
Neunaeusel
Ferme
Kirche
Muckenbach
Forsthaus
Magelrain
Purpur-
kopf
Fischhütte
Forsthaus
Eichwald
D 604
D 66
D 204
Forêt de Rosheim
Fackenkopf
581m
Siesberg
550m
Magelrain
782m
Schwarzkopf
Forêt de Bischoffsheim
0
1 km

Mahnmal auf dem Gelände des KZ Struthof

Wegbeschreibung Von der Kirche in *Grendelbruch* (515 m) in östlicher Richtung durch die Rue de l'Eglise, am Friedhof mit rot-weiß-rot geradeaus in den Wald. Nach etwa einer Viertelstunde steht oberhalb des Weges eine Kapelle inmitten von Felsen. Herrlicher Blick in das Mageltal! Auf ebenem Weg wandern wir unter einer zwei Kilometer langen Felsgruppe entlang. An der *Wolfsgrube* (531 m) halten wir uns rechts und sind in wenigen Minuten bei der stattlichen Ruine *Guirbaden* (*Girbaden,* 568 m). In der Vorburg steht der *Hungerturm (Tour de la Faim)* und die romanische *Kapelle St. Valentin.* Von den immer noch gewaltigen Ruinen der Burg hat man einen großartigen Blick in das Breuschtal und hinüber zum Schwarzwald.

Wir verlassen die Burg an ihrer Ostseite. Es geht bergab. Nach etwa 10 Minuten biegen wir links ab und wandern in Schleifen zum ehemaligen *Forsthaus Girbaden* (495 m). Bei den beiden uralten Edelkastanien gehen wir mit dem roten Kreuz rechts ab und unten im Mageltal 200 Meter nach links zum Restaurant *Fischhutte* (*Fischhütte,* 349 m). Wir überqueren die Magel, folgen mit dem blauen Kreuz dem befestigten Forstweg nach rechts talaufwärts. Gegenüber der Kirche biegen wir rechts ab zur Ortsmitte von *Grendelbruch.*

65 Ottrott – Eichwaeldel – Ottrotter Schlösser – Ottrott

Verkehrsmöglichkeiten Aus Richtung Strasbourg auf der N 422 bis Obernai; auf der D 426 nach Ottrott. Nächster Bahnhof ist Obernai (4 km).
Parkmöglichkeiten Beim Brunnen am Beginn der Rue Principale in Ottrott le Bas (Niederottrott).
Wegmarkierungen Blaues Kreuz zum Eichwaeldel; gelber Punkt zu den Schlössern und rot-weiß-rot zurück.
Weglänge Etwa 6,5 Kilometer.
Wanderzeit Etwa 1¾ Stunden.
Höhenunterschiede Insgesamt etwa 255 Meter. Mittlerer Anstieg vom Eichwaeldel (320 m) zu den Ottrotter Schlössern (505 m).
Wanderkarte 1:25 000 »3716 ET Mont Ste. Odile – Molsheim – Obernai« vom ign Paris.
Wissenswertes Der schmucke Weinort *Ottrott* ist durch seinen »Ottrotter Roten« bekannt. Das 1059 erstmals bezeugte »Ottenrode« bestand bis 1857 aus zwei Dörfern. Während Nieder-Ottrott reichsritterschaftlich war, gehörte das Oberdorf zur Abtei Hohenburg und später dem Hochstift Straßburg. Das Dorf weist viele gepflegte Fachwerkhäuser auf, zum Teil mit geschnitzten Balken. Weitere Sehenswürdigkeiten: Löwenbrunnen; Herrenhaus »Kreuzhof« von 1728; in einem Park in Nieder-Ottrott steht ein Schloß (18. Jahrhundert); im Park Fenster von Girbaden und Bauteile des Klosters Niedermünster; St. Ni-

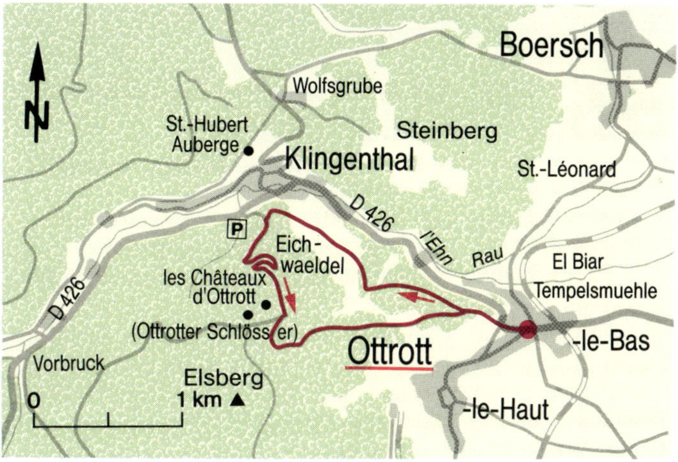

kolaus-Kapelle (12. Jahrhundert) mit gotischer Sakristei; Kirche St. Simon und Juda (18. Jahrhundert) mit barocker Silbermannorgel. – *Ottrotter Schlösser (Châteaux d'Ottrott) Lützelburg und Rathsamhausen:* Beide Burgen wurden im Abstand von 100 Metern, getrennt durch einen Graben, errichtet. Die östliche, Lützelburg, wurde um 1150 von Conrad von Lützelburg erbaut. 1372 geplündert, kam sie 1392 an von Andlau und 1393 an von Rathsamhausen. Seit 1570 unbewohnt und im 30jährigen Krieg endgültig zerstört. Rathsamhausen, im 12. Jahrhundert als Reichsburg erbaut, war im Besitz der Herren von Lützelburg. Im 15. Jahrhundert wechselten mehrfach die Besitzer; ab 1557 im Besitz von Rathsamhausen und im 30jährigen Krieg zerstört.

Wegbeschreibung Rechts vom Brunnen am Beginn der Rue Principale in *Ottrott le Bas* (*Niederottrott,* 250 m) die Route de Klingenthal hinauf und an der folgenden Kreuzung mit dem blauen Kreuz geradeaus den Hohlweg im Wald weiter aufwärts. Schon bald sind wir im Neubauortsteil *Eichwaeldel* (317 m): In die Allée Hohle Felsen, geradeaus durch die Rue Willerhof, geradeaus in die Avenue Rathsamhausen und am Ortsende mit dem gelben Punkt links hinauf.

In großen Schleifen windet sich der geschotterte Weg hinauf zu den *Ottrotter Schlössern Rathsamhausen* und *Lützelburg* (505 m). Nach ihrer Besichtigung gehen wir etwa 250 Meter auf dem Forstweg zurück und in der Kurve mit rot-weiß-rot rechts den Weg und in der nächsten Kurve links einen steinigen Pfad abwärts. Durch abwechslungsreichen Laubwald wandern wir zurück nach *Ottrott.*

66 Klingenthal – Ottrotter Schlösser – (Hagelschloß) – Koepfel – Forsthaus Vorbruck – Klingenthal

Verkehrsmöglichkeiten Aus Richtung Strasbourg auf der N 422 bis Obernai; auf der D 426 nach Klingenthal.
Parkmöglichkeiten Beiderseits der Kirche, bei der alten Schule und am Feuerwehrhaus.
Wegmarkierungen Gelber Punkt zu den Ottrotter Schlössern; blaues Andreaskreuz, dann rotes Kreuz zum Forsthaus Vorbruck; blaues Kreuz zurück.
Weglänge Etwa 9 Kilometer.
Wanderzeit Etwa 2¼ Stunden.

Ottrotter Schlösser in der Herbstsonne

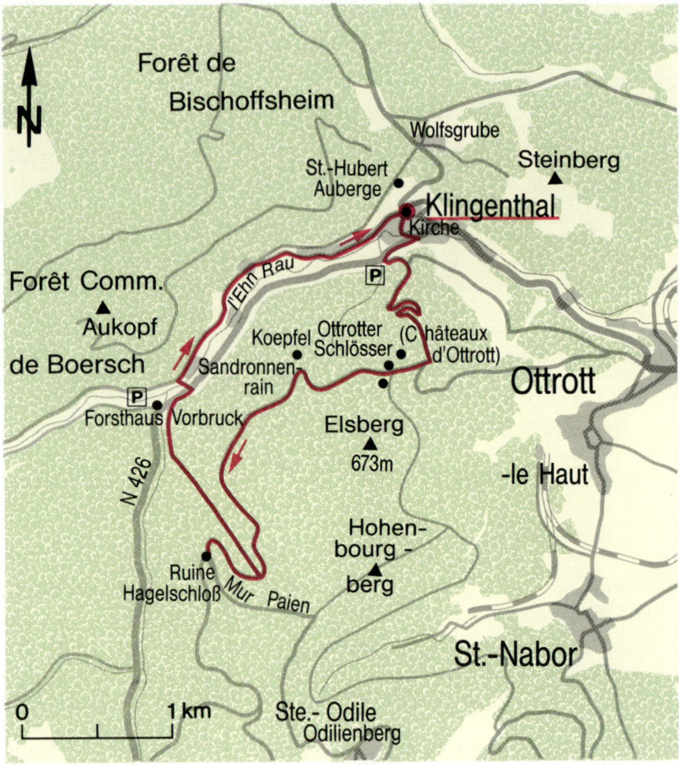

Höhenunterschiede Insgesamt etwa 250 Meter. Mittlerer Anstieg von Klingenthal (300 m) zu den Ottrotter Schlössern (505 m).
Wanderkarte 1:25 000 »3716 ET Mont Ste. Odile – Molsheim – Obernai« vom ign Paris.
Wissenswertes *Klingenthal* geht auf eine 1730 gegründete Waffenfabrik zurück, wobei Solinger Klingenschmiede als Spezialisten geholt wurden. 1956 wurde die Produktion endgültig eingestellt. Davon zeugen heute noch zahlreiche stattliche Gebäude, ein schloßartiges Anwesen innerhalb einer Parkmauer sowie ein großer, rechteckiger, ummauerter Weiher. Kirchen von 1761 und 1827. – Das *Koepfel* ist eine rechteckige Befestigungsanlage aus Trockenmauerwerk, zusammengefügt aus großen Quadern. Sie dürfte karolingisch, wenn nicht gar römisch sein.

Wegbeschreibung Von der Kirche in *Klingenthal* hinunter zum Rathaus, links durch die Rue Paul Appel, an deren Ende scharf rechts ab (D 426), am Ortsende (300 m) scharf links in die Avenue Rathsamhausen und mit dem gelben Punkt gleich rechts den Pfad hinauf. In großen Schleifen windet sich der geschotterte Weg hinauf zu den *Ottrotter Schlössern Rathsamhausen* und *Lützelburg* (505 m).

Zwischen den Burgen und dem Forsthaus wandern wir mit dem blauen Andreaskreuz auf dem Forstweg in westlicher Richtung weiter. Etwa 10 Minuten danach liegt rechts einer Wegbiegung die Ruine *Koepfel* (520 m). Nach weiteren 1200 Metern biegt das blaue Andreaskreuz links in einen Pfad (von hier sind es etwa 8 Minuten zur Ruine *Hagelschloß*). Wir bleiben auf dem Forstweg und gehen im folgenden Taleinschnitt mit dem roten Kreuz rechts hinunter.

Beim *Forsthaus Vorbruck* (346 m) auf der Straße 100 Meter nach rechts, an der Bushaltestelle links über den Bach und mit dem blauen Kreuz nach rechts durch die Rue de la Forêt. Geradeaus durch die Rue des Sapins und durch die Rue de l'Ehn zurück in die Ortsmitte von *Klingenthal.*

67 Heidenmauerrundweg (Circuit mur païen) auf dem Odilienberg

Verkehrsmöglichkeiten Aus Richtung Strasbourg auf der N 422 bis Obernai; auf der D 426 zum Mont Ste. Odile. Busverbindung nach Straßburg und Obernai.
Parkmöglichkeiten Mehrere Parkplätze auf dem Odilienberg, auch für Busse.
Wegmarkierungen Durchgehend gelbes Andreaskreuz.
Weglänge Etwa 11 Kilometer. **Wanderzeit** Etwa 2¾ Stunden.
Höhenunterschiede Insgesamt etwa 250 Meter. Keine anstrengenden Anstiege.
Wanderkarte 1:25 000 »3716 ET Mont Ste. Odile – Molsheim – Obernai« vom ign Paris.
Wissenswertes Der *Odilienberg* besaß über Jahrtausende hinweg eine große Anziehungskraft. Bereits die Kelten erbauten im 2. Jahrhundert v. Chr. die etwa 10,5 Kilometer lange *Heidenmauer (Mur Païen),* die ein Gebiet von mehr als 100 ha umschloß. Das besondere an ihr ist, daß sie aus großen Steinquadern errichtet wurde, die mit schwalbenschwanzförmigen Holzelementen verbunden waren. Die Römer erbauten anschließend

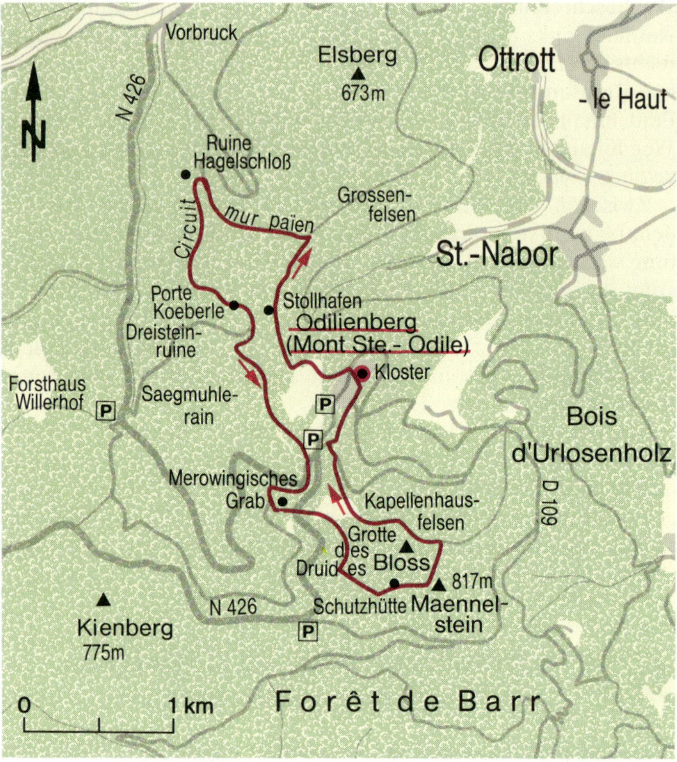

ihr Kastell Altitona. Schon früh folgte die merowingische *Hohenburg.* Der elsässische Herzog Eticho ließ die Burg in ein Frauenkloster umwandeln, deren erste Äbtissin 680 seine Tochter Odilie wurde. Sie leitete es bis zu ihrem Tod, 720. Nach der Jahrtausendwende erfolgte ein Niedergang des Klosters. Friedrich I. Barbarossa ließ es ab 1155 wiederherstellen und es erlebte eine neue Blüte. Ab 1365 wurde es durch Kriege und Brände mehrfach zerstört und nach einem neuerlichen Brand, 1546, von den Nonnen verlassen. 1605 übernahmen Prämonstratenser die Gebäude. Nach dem 30jährigen Krieg folgte eine weitere Periode der Blüte. Nach der Französischen Revolution aufgehoben, wurde es 1853 erneut besiedelt. – Das *Hagelschloß,* das früher Waldesburg hieß, wurde im 13. Jahrhundert errichtet und war im Besitz der Herren von Rathsamhausen. Walter Erb, ein späterer Besitzer, nahm Straßburger Bürger gefangen, worauf die Burg 1406 zerstört wurde.

Kapelle im Kloster Odilienberg

Wegbeschreibung Vor dem Eingang zum *Kloster Odilienberg* (*Mont Ste. Odile,* 765 m) mit dem gelben Andreaskreuz die Treppen in nördlicher Richtung hinunter und an deren Ende rechts weiter. Am Ende der Wiese treffen wir auf die *Heidenmauer (Mur Païen),* der wir bis zum Ende der Wanderung weitgehend folgen. Vor dem *Stollhafen* (660 m) weist ein Schild auf den Verlauf der Römerstraße hin, die von Ottrott hier herauf führte. Der eigenartige Name bezieht sich auf einen Felsen, der die Form eines Hafens (Topf) besitzt.

Gleich nach einer Wegspinne kommen wir zur *Grotte d'Etichon* (660 m), einer Höhle in einem riesigen Konglomeratfelsen. Nach einem Aussichtspunkt geht es links hinauf (Achtung) und etwa 150 Meter danach sind wir an der *Porte Nord* (670 m), dem *Nordtor* des Ringwalls. Deutlich erkennt man noch die Zangenform des Tores. Beim *Hagelschloß* (588 m), am tiefsten Punkt unserer Wanderung, wenden wir uns nach Süden. Hier an ihrer Westseite ist die Mauer noch am besten erhalten. An vielen Stellen weist sie noch Höhen bis zu drei Metern auf.

Die nächste Station ist die *Porte Koeberle (Köberletor),* einer weiteren Toranlage. Am *Rocher St. Nicolas* (665 m) hat man einen schönen Blick hinüber zum Champ du Feu. Beim unteren Parkplatz kreuzen wir die Straße. Auf dem folgenden Stück finden seit den 60er Jahren Ausgrabungen statt. Hier hat man das *Südtor* freigelegt. Etwa 150 Meter weiter liegt 50 Meter links von unserem Weg neben der Straße das *merowingische Grab (Tombe mérovingienne)* aus dem 7. Jahrhundert.

Bei der *Grotte des Druides* (*Druidengrotte,* 770 m) schwenkt unser Weg nach Osten. Wenige Minuten später sind wir am *Schafstein* (780 m). Am *Maennelstein* (817 m, Schutzhütte, Orientierungstafel) haben wir den höchsten Punkt des Weges erreicht. Herrliche Aussicht! Unser Weg wendet sich nach Norden. Am *Rocher du Panorama* (780 m) ist ein Medaillon zur Erinnerung an Curt Mündel angebracht; er war der Verfasser des legendären Vogesenführers. Am Schluß unseres Weges begleiten die überwiegend in blau gehaltenen, großformatigen, in die Felsen eingelassenen Bilder eines Kreuzweges unseren Pfad. Nach der 1. Station steigen wir die Treppen hinauf und sind wieder am Kloster *Odilienberg.*

68 Odilienberg – Dreistein – Birkenfels – Odilienberg

Verkehrsmöglichkeiten Aus Richtung Strasbourg auf der N 422 bis Obernai; auf der D 426 zum Mont Ste. Odile. Busverbindung nach Straßburg und Obernai.
Parkmöglichkeiten Mehrere Parkplätze auf dem Odilienberg, auch für Busse.
Wegmarkierungen Rotes Andreaskreuz zum Saegmuehlmaettel; gelber Ring zur Ruine Birkenfels; blaues Kreuz zurück.
Weglänge Etwa 8 Kilometer.
Wanderzeit Etwa 2 Stunden.
Höhenunterschiede Insgesamt etwa 250 Meter. Steilanstieg vom Saegmuehlmaettel zur Ruine Birkenfels.
Wanderkarte 1:25 000 »3716 ET Mont Ste. Odile – Molsheim – Obernai« vom ign Paris.
Wissenswertes Der *Dreistein* wurde im 13. Jahrhundert als zwei- oder gar dreiteilige Reichsburg zum Schutz des Reichsklosters Odilienberg er6aut. Zum Bau wurden unter anderem auch Steine von der Heidenmauer verwendet. 1442 kam die Burg als Lehen an die Herren von Rathsamhausen, die sie im 17. Jahr-

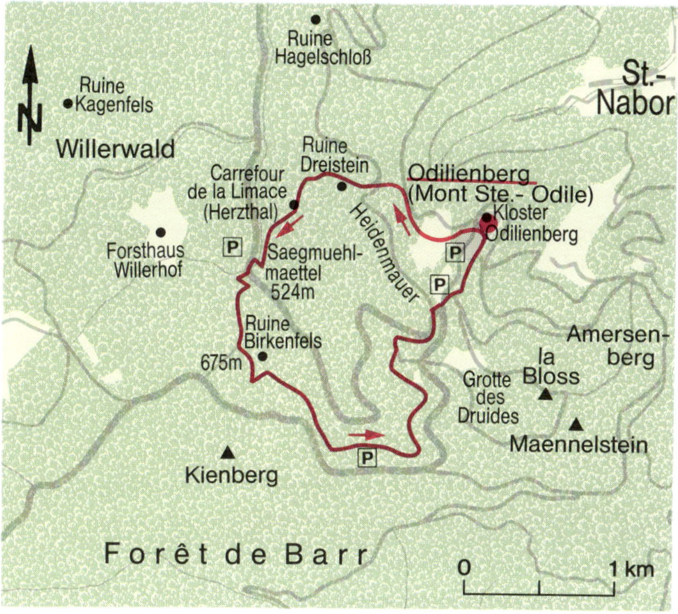

hundert aufgaben und verfallen ließen. Von beiden Burgen, die durch einen Halsgraben getrennt waren, sind beachtliche Teile der Ritterhäuser und der Bergfriede erhalten sowie gotische Fenstergewände in der Ostburg. – Die Burg *Birkenfels* wurde um 1250 durch Burkhard Beger, einem Ministerialen des Bischofs von Straßburg erbaut. Nach dem Aussterben im Mannesstamm, 1532, wurde die Burg aufgegeben und verfiel. Vom Ritterhaus und dem fünfseitigen Bergfried sind noch große Teile erhalten.

Wegbeschreibung Am Eingang des Klosters *Odilienberg* (785 m) gehen wir mit dem roten Andreaskreuz die Treppen hinunter, durchqueren einen Waldstreifen und eine Wiese. Im Wald sehen wir das erste Stück der *Heidenmauer (Mur Païen).* Nach etwa einer Viertelstunde sind wir am *Stollhafen* (660 m), wo sich in der Heidenmauer eine Toranlage befindet. Der eigenartige Name bezieht sich auf einen Felsen, der die Form eines Hafens (Topf) besitzt. Wir durchqueren den Innenraum der Heidenmauer an seiner schmalsten Stelle. Nach dem westlichen Teil der Heidenmauer geht es hinunter zur Ruine *Dreistein* (627 m).

Zurück zu unserem Pfad und links hinunter (stellenweise steil) zum *Carrefour de la Limace* (*Herzthal,* 524 m) und in gleicher Richtung auf dem Forstweg weiter zum *Saegmuehlmaettel* (524 m). Auf der Straße 30 Meter nach links und mit dem gelben Ring links kräftig ansteigend zur Ruine *Birkenfels* (675 m).

Die Reste des Klosters Niedermünster

Nach dem Besuch der Burg folgen wir mit dem blauen Kreuz links dem ebenen Forstweg, den wir etwa eine Viertelstunde später rechts auf einem Pfad verlassen. Bei geringen Höhenunterschieden zieht er sich am Berghang entlang. Wir wandern unter einer Felsenkette entlang, kreuzen die *Heidenmauer* und später die Straße. Wenige Minuten danach treten wir bei den Ruinen der *Felsenkapelle* durch die Felsenkette. Ab hier begleiten die überwiegend in blau gehaltenen, großformatigen Bilder eines Kreuzweges unseren Pfad. Nach der 1. Station steigen wir die Treppen hinauf und sind wieder am Kloster *Odilienberg*.

Auf den Spuren der Heiligen Odilie

69 St. Jacques – Niedermünster – Odilienberg – St. Jacques

Verkehrsmöglichkeiten Aus Richtung Strasbourg auf der N 422 bis Obernai; auf der D 426 zum Mont Ste und auf der D 33 (Einbahnstraße!) abwärts zum Ferienzentrum St. Jacques; oder von Obernai auf der D 109 über St. Nabor zum Ferienzentrum St. Jacques (in Richtung Le Hohwald).
Parkmöglichkeiten Wenige Parkmöglichkeiten im Bereich des Ferienzentrums St. Jacques.
Wegmarkierungen Gelber Punkt, dann gelbes Dreieck zum Niedermünster und auf den Odilienberg; weißer Strich, dann rotes Dreieck zurück. Anmerkung: Weiße Markierungen werden durch andere Zeichen ersetzt.
Weglänge Etwa 6 Kilometer.
Wanderzeit Etwa 1½ Stunden.
Höhenunterschiede Insgesamt etwa 245 Meter. Überwiegend kräftiger Anstieg von der Trafostation (540 m) zum Odilienberg (745 m).
Wanderkarte 1:25 000 »3716 ET Mont Ste. Odile – Molsheim – Obernai« vom ign Paris.
Wissenswertes Der Legende nach soll die Abtei *Niedermünster* aus einem 707 von der Heiligen Odilie gegründeten Spital hervorgegangen sein. Ihre größte Blüte erlebte sie im 12. Jahrhundert. 1375 von den Engländern, 1525 von den Bauern und 1540 durch Feuer zerstört, dienten die Ruinen in der Folgezeit als Steinbruch. Die Reste der dreischiffigen Klosterkirche wurden 1902/03 ausgegraben. Die zum Kloster gehörige *Jakobskapelle*

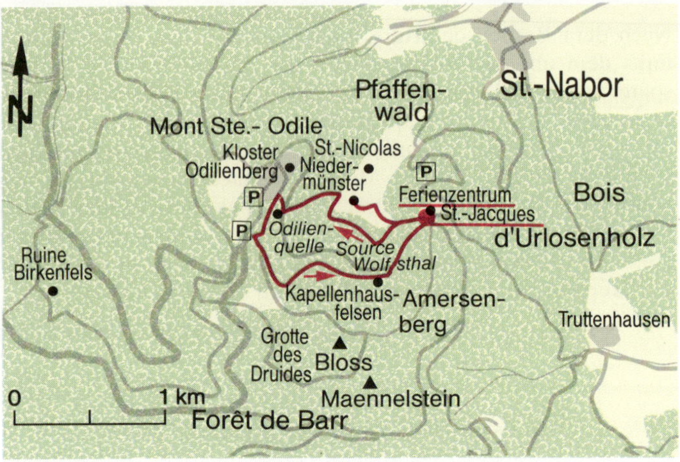

aus dem 12. Jahrhundert war einschiffig. Die östlich des Klosters auf einer Wiese gelegene *Nikolauskapelle* gilt als die erste Gründung der Odilie. Der heutige Bau stammt aus dem 12. Jh.

Wegbeschreibung Vom Straßendreieck vor dem *Ferienzentrum St. Jacques* (571 m) mit dem gelben Punkt den geschotterten Weg in westlicher Richtung hinunter. Gleich darauf liegt 50 Meter neben dem Weg die Ruine der romanischen *Jakobskapelle.* Unten mit dem gelben Dreieck scharf rechts ab und nach 250 Metern scharf links auf den Bauernhof zu. Dort finden wir die Ruine der Klosterkirche *Niedermünster* (501 m); vor dem Wirtschaftsgebäude sind hinter einem Gitter weitere Fundstücke aus dem Kloster aufbewahrt. Östlich davon steht mitten in der Wiese die romanische *Nikolauskapelle.*

Wir müssen bis zur ersten Abzweigung zurück und wandern am Waldrand in nordwestlicher Richtung weiter. Bei der originell gestalteten Transformatorenstation verlassen wir den breiten Weg links auf einem kräftig ansteigenden Pfad. Bei der *Odilienquelle (Source Ste. Odile)* kreuzen wir die Straße und sind nach etwa zehnminütigem weiterem Anstieg oben am *Kloster Odilienberg* (745 m).

Südlich des Eingangs folgen wir mit dem Wegzeichen weißer Strich dem Verlauf des Kreuzweges an den Felsen entlang in südlicher Richtung. Nach etwa 300 Metern verlassen wir die Felskulisse halblinks auf einem abwärts verlaufenden Pfad. Etwa 10 Meter nach der *Fontaine Wolfsthal* (640 m) gehen wir halblinks mit dem roten Dreieck (anfangs sehr steil) hinunter und zurück nach *St. Jacques.*

70 Barr – Truttenhausen – Landsberg – Barr

Verkehrsmöglichkeiten Aus Richtung Strasbourg auf der N 422 bis Gertwiller; auf der D 425 nach Barr. Barr ist Bahnstation an der Strecke Molsheim – Séléstat.
Parkmöglichkeiten Mehrere Parkplätze in Barr.
Wegmarkierungen Roter Strich, gelber Punkt bis Truttenhausen; blauer Punkt zur Ruine Landsberg; rotes Dreieck zurück.
Weglänge Etwa 9 Kilometer. **Wanderzeit** Etwa 2¼ Stunden.
Höhenunterschiede Insgesamt etwa 370 Meter. Wechselnde Steigungen von Barr (210 m) zur Ruine Landsberg (580 m).
Wanderkarte 1:25 000 »3716 ET Mont Ste. Odile – Molsheim – Obernai« oder »3717 ET Séléstat Ribeauvillé Haut-Koenigsbourg« vom ign Paris.
Wissenswertes *Barr* ist ein besonders malerisches Städtchen und ein bedeutender Weinort. Der Weinmarkt am 14. Juli und das Weinlesefest im Oktober genießen einen überregionalen Ruf. Die reichsunmittelbare Gemeinde wurde 788 erstmals bezeugt und war später Mittelpunkt der Herrschaft Barr. 1432 kommt die Stadt in den Besitz der Kurpfalz, die sie 1566 an die Stadt Straßburg verkauft. Obwohl sie 1678 von den Franzosen niedergebrannt wurde, haben sich eine große Zahl schöner Fachwerkhäuser erhalten, zum Teil mit Erkern. Das Rathaus wurde anfangs des 17. Jahrhunderts anstelle des Schlosses Klep-

Die romanische St.-Nikolaus-Kapelle

penburg erbaut. Von der mittelalterlichen Kirche St. Martin, die Zentralkirche für 7 Dörfer war, ist der romanische Chorturm und dessen spätgotisches Obergeschoß erhalten. – *Truttenhausen* wurde um 1180 von der Abtei Hohenburg (Odilienberg) gegründet, deren Äbtissin Herrad von Landsberg es mit Augustinerchorherren aus Murbach besiedeln ließ. Das St. Nikolaus geweihte Kloster wurde 1365, 1444 und 1525 verwüstet. Die Kirche ist seit dem Brand von 1555 Ruine; es steht noch der Turm von 1490 sowie die Mauern des Langhauses (12./15. Jahrhundert). Dabei befindet sich das 1806 aus den Wirtschaftsgebäuden erbaute Schloß von Friedrich von Türkheim. – Die Burg *Landsberg,* ein bemerkenswertes Zeugnis hohenstaufischer Baukunst, wurde 1144 von den Herren von Landsberg, den Schutzvögten des Klosters Niedermünster erbaut. 1408 und 1413 je zur Hälfte an die Pfalzgrafen verpfändet, ab 1505 in Reichsbesitz und seit 1568 wieder im Besitz der Herren von Landsberg, wurde die Burg im 30jährigen Krieg zerstört.

Wegbeschreibung Vom Rathausplatz (Place de la Mairie) in *Barr* (210 m) 100 Meter nach Westen, mit dem Wegzeichen roter Strich rechts die Treppen hinauf, an der Kirche vorbei und durch die Weinberge hinauf. Zurückschauend können wir das ganze Städtchen überblicken. Am Denkmal oben im Wald links ab, am Pavillon vorbei, durch den schmalen Waldstreifen und dabei die Straße mehrfach kreuzen. Gleich nach einem Park-

Fachwerk bestimmt das Bild der Altstadt von Barr

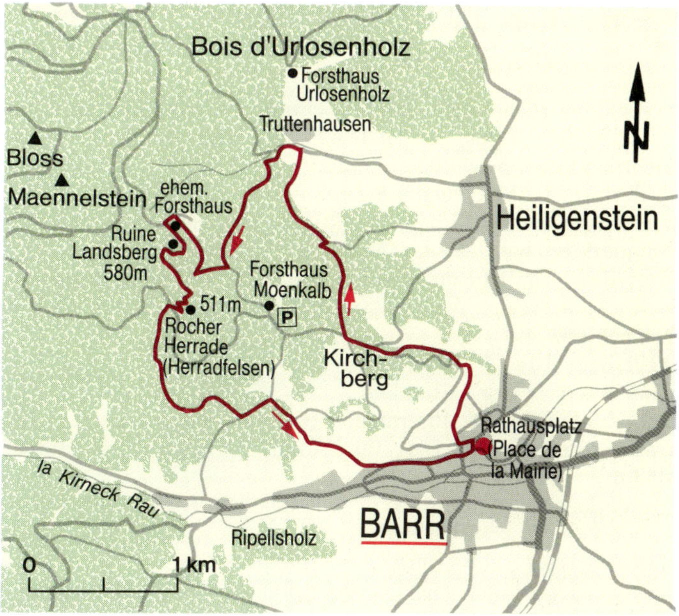

und Rastplatz geht es nach rechts mit dem gelben Punkt eben durch Edelkastanienwald, am Pavillon Bellevue vorbei und am Rande von Wald und Viehweiden nach *Truttenhausen* (367 m) mit den mächtigen alten Bäumen.

Vor der Schloßmauer wandern wir nach links auf den Waldrand zu und mit dem blauen Punkt, teils auf Wegen, teils auf Pfaden in Schleifen bergauf (sorgfältig auf die Markierung achten!) zum *ehemaligen Forsthaus Landsberg* und hier nach links zu den immer noch beeindruckenden Ruinen der Burg *Landsberg* (580 m) mit ihren schönen romanischen Fensternischen und dem Kapellenerker. Wir verlassen die Burg, wo wir sie betreten haben, gehen um sie herum und biegen mit dem roten Dreieck scharf links ab und kommen zum *Rocher Herrad* (Herradfelsen, 511 m; Herrad von Landsberg war von 1167 bis 1195 Äbtissin des Klosters Odilienberg).

Vor dem Felsen wandern wir rechts weiter und teils auf Pfaden, teils auf Wegen durch abwechslungsreichen Wald bergab, nachher eben. Später geht es auf einem Sträßchen nach rechts durch Weinberge, wobei wir ständig den Blick auf das Städtchen genießen dürfen. In *Barr* am Ende des Chemin Holzgasse durch die Rue de l'Ecole und geradeaus durch die Rue Neuve zurück in die Stadtmitte.

71 Barr-Tal – Hoh-Andlau – Spesb(o)urg – Col du Crax – Barr-Tal

Verkehrsmöglichkeiten Aus Richtung Strasbourg auf der N 422 bis Gertwiller; auf der D 425 nach Barr; auf der D 854 in Richtung Le Hohwald bis zum Stadtteil Tal. Barr ist Bahnstation an der Strecke Molsheim – Séléstat.
Parkmöglichkeiten Längs der Rue de la Vallée.
Wegmarkierungen Rotes Andreaskreuz zur Ruine Spesburg; roter Ring zum Col du Crax; blaues, dann weißes Dreieck zurück. Anmerkung: Weiße Markierungen werden durch andere Zeichen ersetzt.
Weglänge Etwa 8 Kilometer.
Wanderzeit Etwa 2 Stunden.
Höhenunterschiede Insgesamt etwa 270 Meter. Leichte bis kräftige Steigung von Barr-Tal (246 m) zur Ruine Hoh-Andlau (453 m).
Wanderkarte 1:25 000 »3717 ET Séléstat Ribeauvillé Haut-Koenigsbourg« vom ign Paris.
Wissenswertes Die Burg *Hoh-Andlau (Château d'Andlau)* wurde 1213 von den Herren von Andlau erbaut, 1246 zerstört, wieder errichtet und 1344 an das Domstift Straßburg verkauft; sie blieb jedoch als Lehen in den Händen der Andlauer. Im 30jährigen Krieg schwer beschädigt, 1678 durch die Franzosen zerstört, nochmals aufgebaut und bis 1806 als letzte Höhenburg

Barr-Tal

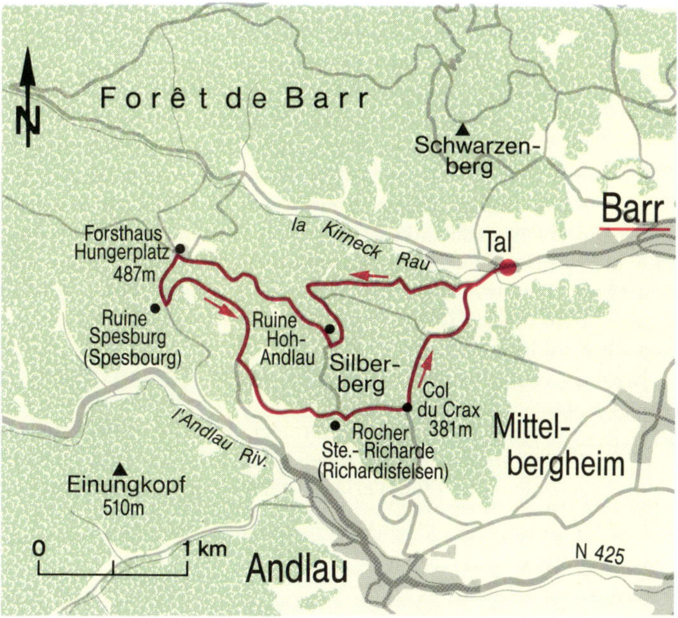

des Elsaß bewohnt. – Die *Spesburg* wurde gegen 1250 von Alexander von der Dicka erbaut, dem Schutzvogt der Abtei Andlau und Burggraf von Straßburg. Als die von der Dicka 1386 ausstarben, kam sie in den Besitz derer von Andlau. Im 30jährigen Krieg zerstört.

Wegbeschreibung Ausgangspunkt ist die Rue de la Vallée im Ortsteil *Tal* der Stadt *Barr,* Haus-Nr. 83: Mit dem roten Andreaskreuz durch den Chemin Château d'Andlau (Blick auf die zweitürmige Burg Hoh-Andlau) und am Waldrand halbrechts den Pfad hinauf. Bei der ersten Gabelung halten wir uns halblinks und bei den folgenden Abzweigungen bleiben wir in der eingeschlagenen Richtung, bis wir an einer Wegkreuzung links hinauf abbiegen. Durch Kastanienjungwald steigen wir hinauf und stehen ganz unvermittelt vor den Mauern der zweitürmigen Ruine *Hoh-Andlau* (*Château d'Andlau,* 453 m). Hier oben dürfen wir eine großartige Aussicht auf Barr und hinüber zum Schwarzwald genießen.

Am Burgeingang gehen wir in südlicher Richtung in einem Rechtsbogen um die Ruine herum. Bei geringen Höhenunterschieden verläuft unser Weg zum einsam gelegenen *Forsthaus*

Hungerplatz (487 m, Kinderspielplatz, Getränke und Eis). Dahinter auf dem breiten geschotterten Forstweg (Niveaupfad) links ab, in der Kurve die Treppen hinunter und auf einem schattigen Pfad in wenigen Minuten zur Ruine *Spesb(o)urg* (460 m) mit ihren herrlichen gotischen Fenstergewänden.

Wir gehen 100 Meter zurück und mit dem gelben Ring rechts die Treppen hinunter. Bald stoßen wir auf das Wegzeichen roter Ring, dem wir weiter folgen. Später geht es auf einem geschotterten Forstweg nach links weiter. Am *Carrefour de Silberberg* (420 m) verlassen wir ihn rechts auf einem Pfad, der uns in wenigen Minuten zum *Rocher Ste. Richarde* (*Richardisfelsen,* 400 m) leitet, einem durch Geländer geschützten Aussichtspunkt. Schöner Blick auf das malerische Andlau!

Etwa 20 Meter zurück und rechts weiter. Abwärts gelangen wir bald danach zur Wegspinne *Col du Crax* (381 m). Wir wandern gegenüber mit dem blauen Dreieck den linken Pfad hinunter zur *Carrefour des trois Chênes* (320 m). Der mit weißem Dreieck gezeichnete Pfad verläuft nach rechts abwärts zurück nach Barr.

72 Andlau – Hoh-Andlau – Spesb(o)urg – Andlau

Verkehrsmöglichkeiten Aus Richtung Strasbourg auf der N 422 bis St. Pierre; auf der D 98 nach Eichhoffen und auf der D 425 nach Andlau. Nächste Bahnstation ist Eichhoffen (2 km) an der Strecke Molsheim – Séléstat.
Parkmöglichkeiten Beim Rathaus (Hôtel de Ville).
Wegmarkierungen Roter Punkt zum Col du Crax; blaues Dreieck zum Forsthaus Hungerplatz; rotes Andreaskreuz zur Spesburg; blauer Punkt zurück.
Weglänge Etwa 9 Kilometer.
Wanderzeit Etwa 2¼ Stunden.
Höhenunterschiede Insgesamt etwa 280 Meter. Teils kräftiger, teils leichter Anstieg von Andlau (224 m) zur Ruine Hoh-Andlau (453 m).
Wanderkarte 1:25 000 »3717 ET Séléstat Ribeauvillé Haut-Koenigsbourg« vom ign Paris.
Wissenswertes 880 stiftete Richardis, die Gemahlin Kaiser Karls III., des Dicken, bei einer Kirche das Kloster Eleon. Bereits 999 ist für die Abtei und die dabei entstandene Siedlung der Name »Andlau« bezeugt. 1049 weihte der elsässische Papst

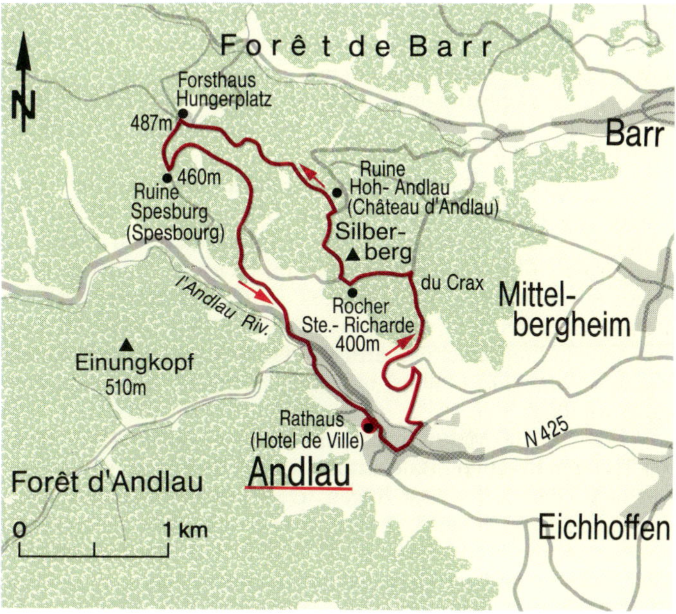

Leo IX. die Klosterkirche und sprach Richardis heilig. Zu Beginn des 11. Jahrhunderts erhielt die Abtei Zoll- und Marktrechte. 1432 bekam der Ort eine Stadtmauer. 1499 wurde das Kloster in ein Damenstift umgewandelt. Nach einem Niedergang im 16. Jahrhundert erlebte das Stift ab 1616 eine erneute Blüte. 1789 wurde es aufgehoben. Die Klosterkirche weist alle Stilepochen von 11. (Krypta) bis zum 18. Jahrhundert auf. Erhalten sind noch Klostergebäude und zahlreiche malerische Wohngebäude.

Wegbeschreibung Vom Rathaus (Hôtel de Ville) in *Andlau* (224 m) in östlicher Richtung, links in die Rue du Général de Gaulle, nochmals links in die Rue Général Koenig, links in den Chemin Kastelberg, nach 100 Metern mit dem roten Punkt die Weinberge hinauf und in einer Schleife um den *Kastelberg* (316 m). Später steigen wir durch den Wald kräftig an zum *Col du Crax* (381 m), wo wir mit dem blauen Dreieck scharf links abbiegen. Nach weiterem kurzem Anstieg kommen wir zum *Rocher Ste. Richarde* (*Richardisfelsen,* 400 m), einem durch Geländer geschützten Aussichtspunkt. Hier sollte man rasten und den schönen Blick auf das malerische Andlau in Ruhe genießen!

Auf ebenem Pfad sind wir in 7 Minuten am *Carrefour de Silberberg* (420 m), gehen auf dem Forstweg 50 Meter nach rechts und dann links weiter und stehen ganz unvermittelt vor den Mauern der zweitürmigen Ruine *Hoh-Andlau* (*Château d'Andlau,* 453 m). Hier oben dürfen wir eine großartige Aussicht auf Barr und hinüber zum Schwarzwald genießen.

Am Burgeingang gehen wir in südlicher Richtung in einem Rechtsbogen um die Ruine herum. Bei geringen Höhenunterschieden verläuft unser Weg zum einsam gelegenen *Forsthaus Hungerplatz* (487 m, Kinderspielplatz, Getränke und Eis). Dahinter mit dem roten Andreaskreuz auf dem breiten geschotterten Forstweg (Niveaupfad) links ab, in der Kurve die Treppen hinunter und auf einem schattigen Pfad in wenigen Minuten zur Ruine *Spesb(o)urg* (460 m) mit ihren herrlichen gotischen Fenstergewänden.

Wir gehen 100 Meter zurück und mit dem gelben Ring rechts die Treppen hinunter. Bald stoßen wir auf das Wegzeichen blauer Punkt, dem wir weiter folgen. Den folgenden geschotterten Forstweg verlassen wir nach wenigen Metern wieder nach rechts und sind schon bald wieder in *Andlau:* Durch die Rue du Château, links in die Rue Maréchal Joffre und rechts durch die Rue Clemenceau.

73 Welschbruch – Rothlach – Neuntelstein – Welschbruch

Verkehrsmöglichkeiten Aus Richtung Strasbourg auf der N 422 bis Obernai; auf der D 426 in Richtung Le Hohwald bis zur Auberge de Welschbruch.
Parkmöglichkeiten Bei der Auberge de Welschbruch.
Wegmarkierungen Gelbes Kreuz zur Rothlach; rot-weiß-rot zurück.
Weglänge Etwa 8 Kilometer.
Wanderzeit Etwa 2 Stunden.
Höhenunterschiede Insgesamt etwa 200 Meter. Keine besonderen Anstiege.
Wanderkarte 1:25 000 »3716 ET Mont Ste. Odile – Molsheim – Obernai« oder »3717 ET Séléstat Ribeauvillé Haut-Koenigsbourg« vom ign Paris.
Anmerkung Bequeme Wanderung zu einem der hervorragendsten Aussichtspunkte der Nordvogesen.

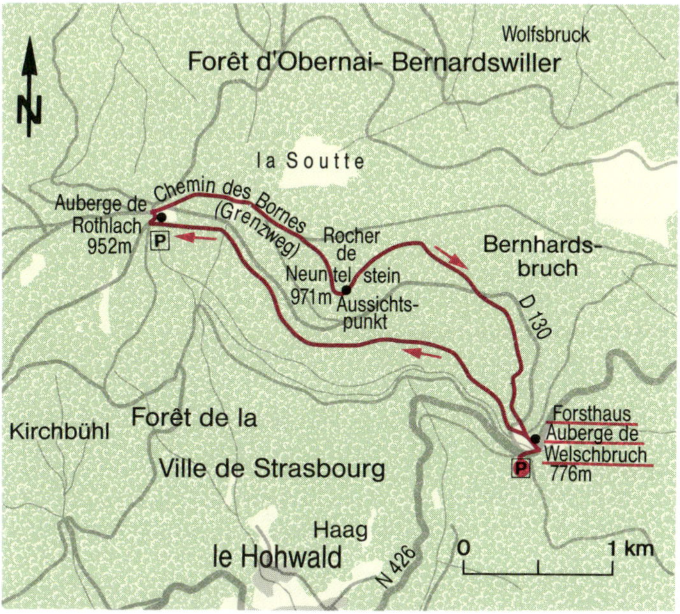

Wegbeschreibung Mit dem gelben Kreuz an der Auberge de *Welschbruch* (776 m) hinauf und an der Wegverzweigung am Forsthaus links weiter, wobei nach 150 Metern die Straße gekreuzt wird. Der lichte Baumbestand gewährt herrliche Ausblikke. Nach knapp einstündigem, sanftem bis leichtem Anstieg gelangen wir zur *Rothlach* (952 m, Einkehrmöglichkeit), einem der Brennpunkte des Wintersports in den Nordvogesen.

Wir wenden uns nach rechts und wandern an der Ostseite des Straßendreiecks mit rot-weiß-rot (und gelbem Dreieck) auf dem breiten Chemin des Bornes (Grenzweg) weiter. Knapp einen Kilometer später verlassen wir ihn (bei Grenzstein Nr. 86) halbrechts und kommen wenige Minuten danach zum *Neuntelstein* (971 m), einem kleinen Felsenmeer mit einer Schutzhütte und Rastplatz. Der Felsen ist einer der hervorragendsten Aussichtspunkte der Nordvogesen. Hier biegen wir links ab. Später wird die Straße schräg gekreuzt und nach der zweiten Überquerung der Straße sind wir zurück am *Welschbruch* (Einkehrmöglichkeit).

74 Reichsfeld – Gruckert – Ungersberg – Reichsfeld

Verkehrsmöglichkeiten Aus Richtung Strasbourg auf der N 422 bis Epfig; auf der D 335 nach Itterswiller und auf der D 35, D 253 und D 202 nach Reichsfeld.
Parkmöglichkeiten Bei der Kirche und Rue Mathias Ringmann.
Wegmarkierungen Blauer senkrechter Strich zum Gruckert; roter Strich über den Ungersberg und dann wieder blauer senkrechter Strich zurück.
Weglänge Etwa 12 Kilometer. **Wanderzeit** Etwa 3 Stunden.
Höhenunterschiede Insgesamt etwa 565 Meter. überwiegend leichter, nur kurzzeitig kräftiger Anstieg von Reichsfeld (337 m) zum Ungersberg (901 m).
Wanderkarte 1:25 000 »3717 ET Séléstat Ribeauvillé Haut-Koenigsbourg« vom ign Paris.
Wissenswertes Bei *Reichsfeld,* einem abgeschieden gelegenen Weindörfchen, gründete 1492 der Schlettstadter Humanist Jacob Uhlmann den Bauernbund Bundschuh. Hier wurde zum erstenmal der Bundschuh zum Symbol des bäuerlichen Widerstandes gegen die Obrigkeit.

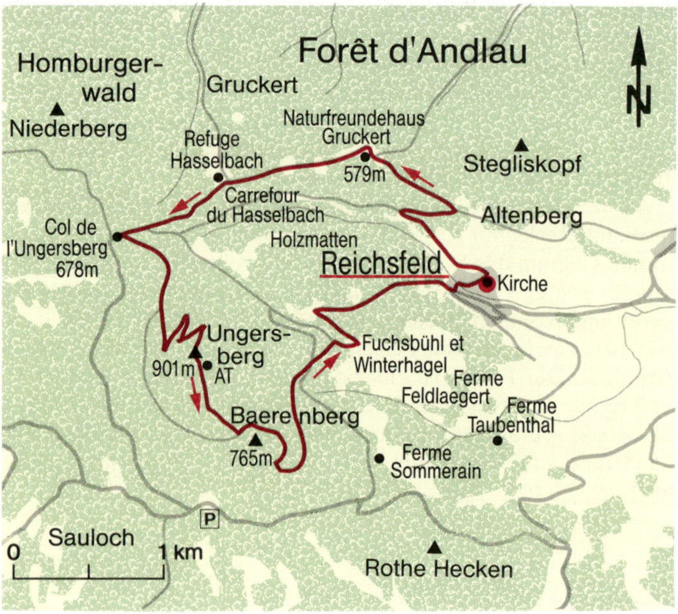

Wegbeschreibung Von der Kirche in *Reichsfeld* mit dem blauen senkrechen Strich in nördlicher Richtung den geschotterten Weg hinauf. Unter uns bleibt das stille und reizvolle Dörfchen zurück. In großen Schleifen wandern wir aufwärts zu dem auf einer Waldlichtung gelegenen *Naturfreundehaus Gruckert* (579 m).

Um das Haus herum geht es in westlicher Richtung mit dem roten Strich weiter. über den *Carrefour du Hasselbach* (629 m) gelangen wir nach einer knappen halben Stunde zur Wegspinne *Col de l'Ungersberg* (678 m), wo wir uns scharf links hinauf wenden. In größeren und kleineren Schleifen zieht sich unser Pfad auf den *Ungersberg* (901 m), den markantesten Aussichtsberg im südlichen Teil der Nordvogesen. Schon beim Aufstieg bekommen wir einen Vorgeschmack auf die Aussicht, die uns oben auf dem kleinen Turm erwartet. Die Mühen des Anstieges werden hier belohnt von einer wirklich grandiosen Rundumsicht. Bei klarem Wetter reicht der Blick bis zu den Schweizer Alpen.

In südlicher Richtung steigen wir auf einem steinigen, von Wurzeln durchzogenen Pfad ab. Unten bei der großen Wegspinne geht es links hinunter. Etwa 35 Minuten nach Verlassen des Gipfels schwenkt der rote Strich rechts in einen Pfad; wir bleiben jedoch auf den eingeschlagenen grasigen Weg, jetzt mit dem Wegzeichen blauer senkrechter Strich. In der Folge ist besonders sorgfältig auf die Markierung zu achten, da sich mehrfach Forstwege und Pfade abwechseln, wobei mitunter die Ein-

Reichsfeld: Stimmungsvolle Ecken in Winzerhöfen

stiege leicht zu übersehen sind. Ganz unvermittelt öffnet sich wieder der Wald und wir sind zurück in *Reichsfeld:* Am Ende des Chemin Sommerhagel links durch die Rue Mathias Ringmann und mit ihr rechts weiter zur Kirche.

Zum Champ du Feu

75 Chaume des Veaux – Champ du Feu – Chaume des Veaux

Verkehrsmöglichkeiten Aus Richtung Strasbourg auf der N 422 bis Obernai; auf der D 426 über Le Hohwald bis zum Col du Kreuzweg; hier mit der Wegweisung »Amis de la Nature« rechts ab zum Parkplatz Chaume des Veaux.
Parkmöglichkeiten Parkplatz unterhalb vom Naturfreundehaus Chaume des Veaux.
Wegmarkierungen Blaues Kreuz zum Aussichtsturm; roter und blauer Strich, dann blaues Andreaskreuz zurück.
Weglänge Etwa 4 Kilometer.
Wanderzeit Etwa 1 Stunde.
Höhenunterschiede Insgesamt etwa 170 Meter.
Wanderkarte 1:25 000 »3716 ET Mont Ste. Odile – Molsheim – Obernai« oder »3717 ET Séléstat Ribeauvillé Haut-Koenigsbourg« vom ign Paris.

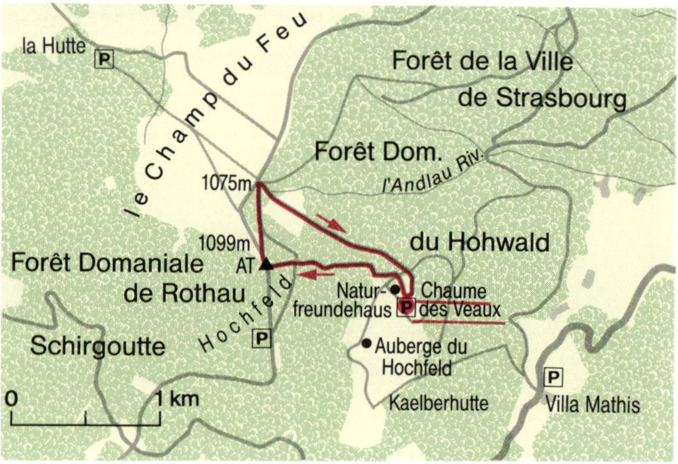

Anmerkung Bequemer Spaziergang zum höchsten Punkt der Nordvogesen.

Wegbeschreibung Vom Parkplatz unterhalb vom *Naturfreundehaus Chaume des Veaux* (Amis de la Nature Strasbourg-Neudorf, 930 m) steigen wir über die Wiese hinauf in Richtung des Naturfreundehauses und gehen rechts (Osten) auf dem geschotterten Weg an ihm vorbei zum Waldrand. Mit dem blauen Andreaskreuz links hinauf, gleich danach mit dem blauen Kreuz rechts ab, den geschotterten Forstweg kreuzen und danach mit dem blauen Kreuz links hinauf (Wegweiser: Champ du Feu, 15 min). Unser Weg, eine Waldschneise, führt direkt auf den Aussichtsturm zu. Er steht auf dem *Champ du Feu* (1099 m), dem höchsten Punkt der Nordvogesen.

Die kleine Plattform des Turmes gewährt eine wirklich umfassende Aussicht, die bei klarem Wetter bis zu den Schweizer Alpen reicht. Nach rechts (Norden) wandern wir mit dem roten und blauen Strich parallel zur Straße weiter. Der Pfad verläuft zwischen urigen, verkrüppelten Bäumen durch, teils durch kleine Hochmoore. Etwa 600 Meter nach dem Turm treffen sich mehrere Markierungen. Hier gehen wir mit dem blauen Andreaskreuz rechts weiter, anfangs über Hochweiden, dann durch Buchenwald allmählich abwärts, am *Naturfreundehaus Chaume des Veaux* vorbei zur Straße und hier 50 Meter nach rechts zum Parkplatz zurück.

76 Dambach-la-Ville – Ruine Bernstein – Dambach-la-Ville

Verkehrsmöglichkeiten Aus Richtung Strasbourg und aus Richtung Séléstat auf der N 422 bis zur Fabrik la Bonnal; auf der D 210 nach Dambach. Bahnstation an der Strecke Molsheim – Séléstat.
Parkmöglichkeiten Auf dem Marktplatz (Place du Marché).
Wegmarkierungen Gelber Punkt zum Kriegshurst; roter Strich zur Ruine Bernstein und blauer Punkt zurück.
Weglänge Etwa 8 Kilometer. **Wanderzeit** Etwa 2 Stunden.
Höhenunterschiede Insgesamt etwa 335 Meter. überwiegend leichter, nur kurzzeitig kräftiger Anstieg von Dambach (218 m) zur Wegspinne Kriegshurst (530 m).
Wanderkarte 1:25 000 »3717 ET Séléstat Ribeauvillé Haut-Koenigsbourg« vom ign Paris.

Wissenswertes Das Winzerstädtchen *Dambach-la-Ville* reiht sich würdig in die Reihe der malerischen Orte an der elsässischen Weinstraße ein. Es konnte in großen Teilen sein mittelalterliches Ortsbild erhalten. Dambach (= Tannenbach) war schon früh im Besitz der Grafen von Egisheim-Dagsburg, kam nach deren Aussterben, 1225, an die Grafen von Leiningen und 1227 in den Besitz der Bischöfe von Straßburg. Stadtrechte seit 1347. Von der Stadtbefestigung sind noch große Teile der Mauer, des Stadtgrabens sowie drei Stadttore erhalten. Rathaus von 1547. Viele schöne und stattliche Fachwerkhäuser mit Schnitzereien und Erkern. Vor dem Obertor steht die 1479 erbaute, spätgotische Liebfrauenkapelle mit einem Vesperbild aus der gleichen Zeit. In den Weinbergen oberhalb der Stadt befindet sich die Kapelle St. Sebastian; ihr romanischer Turm stammt aus dem 12. Jahrhundert; Chor um 1285 erbaut; darin geschnitzter Altar von 1690/92. – Die Burg *Bernstein* wurde spätestens im 12. Jahrhundert durch die Herren von Bernstein, einer Seitenlinie der Grafen von Egisheim, erbaut.'Ab 1225 im Besitz der Grafen von Leiningen und ab 1227 den Bischöfen von Straßburg zugehörig. Von 1236 bis 1580 bischöflicher Amtssitz. 1632 zerstört.

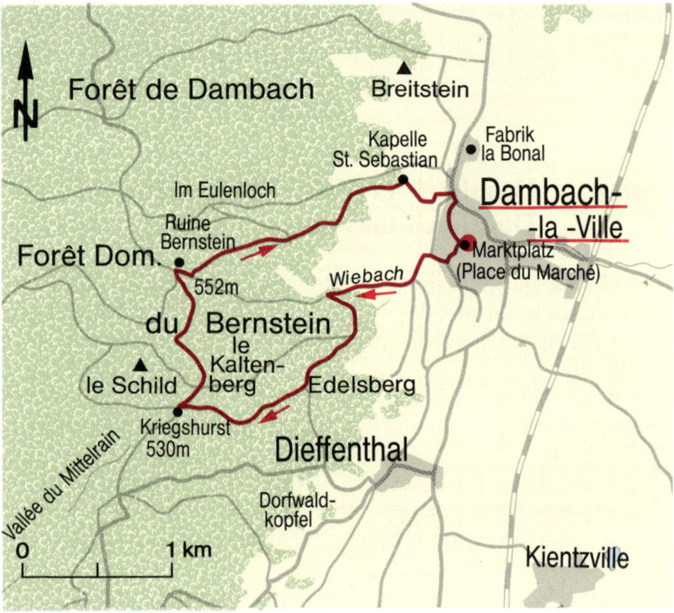

Wegbeschreibung Vom Marktplatz in westlicher Richtung durch die Rue des Tonneliers, nach rechts in die Rue des Potiers, nochmals rechts durch die Rue de la Porte Haute, vor der Mauer links auf einem Pfad durch den Stadtgraben und nach 100 Metern mit dem Zeichen gelber Punkt rechts ab. Durch einen Hohlweg wandern wir durch die Weinberge auf den Wald zu. An der *Wibach* teilt sich der Weg. Wir gehen links hinauf; einige Zeit zwischen Wald und Wein aufwärts. Später verlassen den Forstweg auf einem halbrechts abzweigenden Pfad. – Oben an der Wegspinne *Kriegshurst* (530 m) gehen wir scharf rechts mit dem roten Strich leicht ansteigend auf dem breiten, geschotterten Forstweg weiter. Wo er seinen höchsten Punkt erreicht hat (550 m), dürfen wir die Aussicht über die Rheinebene zum Schwarzwald genießen. Nach etwa einer Viertelstunde (ab Kriegshurst) stehen wir vor dem Urbild einer mittelalterlichen Ritterburg, der Ruine *Bernstein* (552 m) mit ihren romanischen Fenstergewändten. – Vor der Burg biegen wir mit dem blauen Punkt scharf links in den abwärts verlaufenden Pfad, der sich bald gabelt, wobei wir halblinks durch herrlichen Laubwald weiter gehen. Kurz nach dem *Bibelfelsen* gelangen wir wieder in die Weinberge. Wo der Wald endet, steht die altehrwürdige *Kapelle St. Sebastian* mit ihren Kunstwerken. Auf dem Weinbergssträßchen wandern wir abwärts zurück nach *Dambach:* Durch das Obertor und durch die Rue du Général de Gaulle zum Marktplatz.

77 Dieffenthal – Ortenburg – Dieffenthal

Verkehrsmöglichkeiten Aus Richtung Strasbourg und aus Richtung Séléstat auf der N 422 bis zur Fabrik la Bonnal; auf der D 210 nach Dambach und auf der D 35 nach Dieffenthal.
Parkmöglichkeiten Bei der Kirche.
Wegmarkierungen Rotes Dreieck zur Ortenburg; roter Strich, dann rot-weiß-rot zurück.
Weglänge Etwa 7 Kilometer. **Wanderzeit** Etwa 2 Stunden.
Höhenunterschiede Insgesamt etwa 255 m. Leichter bis kräftiger Anstieg von Dieffenthal (215 m) zur Ortenburg (444 m).
Wanderkarte 1:25 000 »3717 ET Séléstat Ribeauvillé Haut-Koenigsbourg« vom ign Paris.
Wissenswertes Die *Ortenburg* mit ihrem 32 Meter hohen Bergfried und der 17 Meter hohen Mauer gehört zu den großartigsten Zeugnissen spätstaufischer Baukunst. Erste Erwähnung um

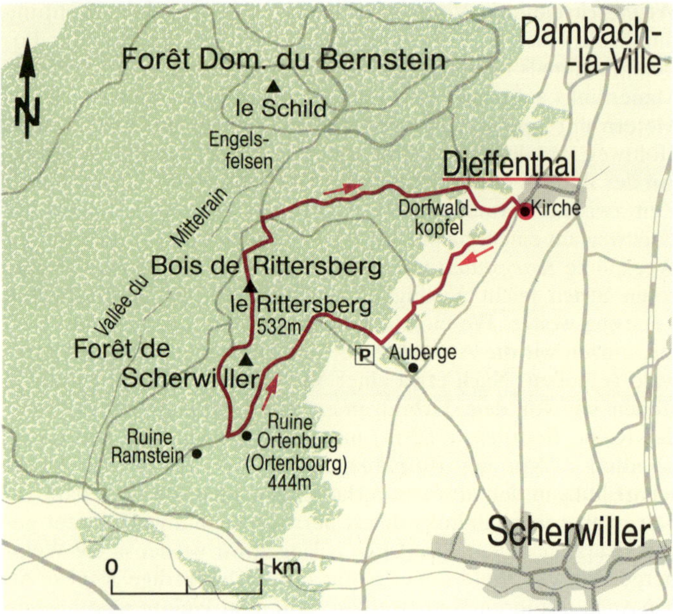

1100 als Besitz der Herren von Ortenberg. Ab 1162 Eigentum der Grafen von Hohenberg-Haigerloch und ab 1257 durch Heirat an Habsburg und in der Folge Sitz des Amtes Weilertal. Weitere Besitzer: Ab 1314 von Müllenheim-Landsberg, ab 1470 häufiger Wechsel, ab 1588 Grafen Fugger. 1633 zerstört.

Wegbeschreibung Von der Kirche in *Dieffenthal* gehen wir mit dem roten Dreieck in südlicher Richtung durch die Weinberge, immer auf die vor uns liegende Ortenburg zu. Wo der Weg in gerader Richtung endet, geht es rechts in einer Art Graben aufwärts. Nach knapp einstündiger Wanderung, zuletzt durch Edelkastanienwald, stehen wir vor der großartigen Ruine *Ortenburg* (444 m) mit ihrem weithin sichtbaren Bergfried aus Granit.

Nach dem Besuch der Burg gehen wir durch den Halsgraben und treffen an der Westseite auf den roten Strich, dem wir nach rechts (Norden) folgen. Fast eben verläuft unser Weg um den Gipfel des *Rittersberges* herum. Wo 1,5 Kilometer nach der Burg zwei Forstwege zusammentreffen, wandern wir mit dem Wegzeichen rot-weiß-rot rechts hinunter. Nach herrlichem Laubwald kommen wir wieder in die Weinberge und gehen, zuletzt über Felsen, zurück zur vor uns liegenden Kirche von *Dieffenthal*.

Anschriftenverzeichnis

Deutsches Jugendherbergswerk
Im Gilde Zentrum, Bad Meinberger Straße 1, D-32760 Detmold

Europäische Wandervereinigung e. V. c/o
Verband Deutscher Gebirgs- und Wandervereine e. V.
Wilhelmshöher Allee 157–159, D-34121 Kassel

Deutsche Wanderjugend
Wilhelmshöher Allee 157–159, D-34121 Kassel

Touristenverein »Die Naturfreunde«, Bundesgruppe Deutschland e. V.
Hedelfinger Straße 17–25, D-70327 Stuttgart

Club Vosgien – Comité Central
16, Rue Ste Hélène, F-67000 Strasbourg

Fédération Française de la Randonnée Pédestre
Comité National des Sentiers de Grande Randonnée
14, Rue Riquet, F-75019 Paris

Touring Club de France Comité Pédestre
Port Champs Elysées, F-75008 Paris

Fédération Unie des Auberges de Jeunesse
4 bd Jules Ferry, F-75011 Paris

Hinweis

Erbitten Sie immer die aktuellen Unterkunftsverzeichnisse direkt bei den Gemeinden. – Bei folgender Anschrift kann das neueste Verzeichnis für die Jugendherbergen in den Vogesen angefordert werden:

Auberge de Jeunesse Strasbourg
René Cassin 9
Rue de l'Auberge de Jeunesse
F-67200 Strasbourg/Montagne Verte

Weitere Titel des Verfassers

Großer Pfalz-Führer
Pfälzerwald, Donnersberg mit Umland, Vorderpfalz, Deutsche Weinstraße, Nördlicher Westrich, Südwestpfälzische Hochfläche – beschrieben in einem Band von *Heinz R. Wittner.*

Erlebnisurlaub Elsaß
Tolle Tips für Urlaub und Freizeit sowie Rad- und Wandertouren. Zusammengestellt von *Günter Ermlich* und *Heinz R. Wittner.*

Wanderführer Vogesen Süd
Zahlreiche Rundwanderungen und einige Stadtrundgänge. Ausgewählt, abgegangen und beschrieben von *Heinz R. Wittner.*

Radwanderführer Oberrhein Elsaß I – Radwanderführer Oberrhein Elsaß II
Familienfreundliche Rund- und Streckentouren abgeradelt und beschrieben von *Heinz R. Wittner.*

Deutsche Wanderjugend

DWJ

gemeinsam unterwegs

Die Deutsche Wanderjugend ist die Jugendorganisation des Verbandes Deutscher Gebirgs- und Wandervereine. Die jugendlichen Mitglieder von sechs bis 25 Jahren lernen aber nicht nur das jugendgemäße Wandern.

In der vielseitigen Gruppenarbeit werden Themen bevorzugt wie Laienspiel, Pantomime, Basteln, Werken, Diskussionen, Aktionen, Video und auch Volkstanz.

Ein wichtiger Bereich ist der Natur- und Umweltschutz. Die Gruppen betreiben aktiven Umweltschutz, messen den Säuregrad von Wasser und Boden, setzen sich tatkräftig gegen das Waldsterben ein, führen Naturschutzwanderungen durch, legen Biotope an. Wer mehr über uns, die DWJ, wissen will, schreibt an die

DWJ-Bundesgeschäftsstelle,
Wilhelmshöher Allee 157–159
D-34121 Kassel